독립 운동가, 사학자.

단재(丹齋) 신채호

B 범우

황성신문 - 1898년 9월 5일에 창간된 대한제국 시기의 대표적인 민족신문.

대한매일신보 - 1904년 7월 18일, 영국인 베델이 양기탁 등과 함께 창간했다.

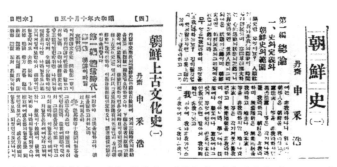

조선상고사(우측)와 조선상고문화사 - 단재가 상고사에 관해 쓴 것으로 1931년 조선일보에 연재되었다.

일본의 강제 해산령에 항거한 대한민국 군인 – 1907년 8월 프랑스 일간지
〈르 프티 주르널〉에 실렸던 삽화

구한말 광화문 육조거리

100여년전 종로 거리의 모습

명성황후 인산 - 1895년 일본 낭인들에 의해 황후가 시해된 소식에 16세인 어린 단재는 성균관에 입학하여 결사 항일을 다짐했다. 사진은 시해 2년 2개월 후 장례 모습.

초대 총독 데라우치 마사다케(寺内正毅) - 데라우치(왼쪽)와 1910년 7월 23일 일본 정부의 현직 육군대신 자격으로 통감에 부임해 오는 데라우치 행렬.

독립문 – 독립문은 1896년 독립협회에서 세운 것으로 우리나라가 자주 독립국임을 세계 만방에 알리고자 한 것이다.(서대문구 현저동 높이 14.28m)

투옥된 독립협회 회원– 독립협회가 정치단체로 발전하자 정부는 어용단체인 황국협회를 만들어 방해하는 등 지속적인 탄압을 일삼았다. 단재는 1898년 19세의 나이로 독립협회에 가입했으나 수 개월 후 곧 해체되었다.

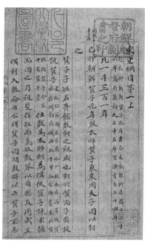

조선혁명선언 – 1923년 1월, 단재가 의열단의 독립운동 이념과 방도를 밝힌 선언서이다. 5개 부문 640여 자로 씌어 있다.

동사강목 – 안정복이 단군조선부터 고려말까지의 역사를 강목체 형식으로 서술한 역사책으로 단재의 애독서였다.

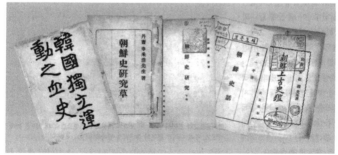

조선사 연구초 – 일제강점기 민족주의 사학의 역사서들은 유교 이념을 바탕으로 한 전근대 역사학과 일본의 영향을 받은 개화기의 역사학을 모두 비판했다.

신간회 - 1927년 서울에서 민족주의자와 사회주의자들이 함께 연합하여 결성한 반일조직단체였다. 단재는 창립 발기인으로 참가했으나 총독부의 탄압으로 3년 후 해체되었다.

동양척식주식회사 - 일본의 한국경제 수탈의 총본산으로, 일제는 이 회사를 통해 우리 토지를 강제 몰수했다. 의열단이 조선식산은행과 이 회사를 폭파하기로 결정하자 나석주가 폭탄을 던졌으나 불발되었다.

단재 신채호

임중빈 지음

범우

차례

이 책을 읽는 분에게

가장 어두운 시대에 갖은 역경을 헤치며 가장 눈부신 광명탑(光明塔)이 된 단재(丹齋) 신채호(申采浩). 한국인의 정신을 일으켜 세운 사상가로서만이 아니라 그 어떠한 어려움 속에서도 영원히 사는 민족의 길을 밝힌 혁명가로서 그는 우리에게 찬연하게 존재한다.

20대부터 천하를 뒤흔든 언론인이었고, 근대 한국이 낳은 대표적 역사가인 그는 조국의 해방을 위해 온몸으로 싸웠고, 57년 생애 거의 대부분을 인류 평화의 성취를 위해 민중 혁명가로 일관하였다.

단재 선생이 우리의 품을 떠난 지 60년이 지났으나 그 정신은 역사의 한복판에서 상록수의 기상으로 날로 더욱 푸르게 살아 있다. 단재 그 자신의 일생이 곧 역사의 산 정신이었으며, 그것은 언제나 역사를 새롭게 창조하는 원동력이었다.

나라가 있으면 반드시 역사가 있고, 정신이 생동하는 역사가 있으면 그 나라는 일어서게 된다. 사학(史學)의 선구자였던 단재 신채호는 이처럼 역사를 굳게 믿었다.

정신의 건국을 위하고 역사의 중흥을 위하여 역사를 택한 단재는 사학자로 시종한 선구적 혁명 사상가일 뿐만 아니라, 구국 언론과 독립 항쟁에 앞장선 민족의 투사이자, 생애가 다하도록 주체적 문풍(文風)을 드날린 민중의 전위였다.

20세기 유림(儒林)의 종장(宗匠)인 심산(心山) 김창숙(金昌淑)은 '청구 강산의 정기(正氣)'로 단재를 기렸고, 신익희·조병옥을 늘 과소 평가하며 "이승만을 제거하지 않으면 나라가 망한다"고 극언하던 단주(旦洲) 유림(柳林)은 "천하의 선비인 단재야말로 진실로 내 스승이 아닐 수 없다"고 격찬했다.

희망의 정신사(精神史) 그 지평은 역사로 해서 열릴 수 있음을 신앙한 단재이기에, "아아, 어떻게 하면 우리 2천만의 핏방울, 땀방울마저 항상 나라를 위하여 뜨겁게 흘리게 할까? 이르기를 오직 역사로써 할지니라" 하고 역사의 비상한 힘을 강조하고 있다.

"성스러운 역사여, 위대한 역사여! 일곱 겹 여덟 겹으로 된 화려하고 장엄한 누각으로 한 나라의 강산을 장엄하고 화려하게 하는 것이 역사가 아닌가. 천 번 만 번 많은 향기와 하늘의 도움으로 한 나라와 민족을 소생시키고 깨닫게 하는 것이 역사가 아닌가."

역사는 깨달음의 나침반 구실을 해낸다. 그러기에 그 누구도 역사를 떠날 수 없다. 마찬가지로 단재를 떠날 수 없다고 본다.

적과 타협 없이 줄기차게 독립 투쟁을 전개하는 동안, "독립이란 주어지는 것이 아니라 쟁취하는 것"이라는 결론에 도달해 민중의 폭력 혁명을 부르짖는 단재 선생의 장엄한 일대기는 지구촌의 남녀 노소, 지식인과 일반 민중 그 누구라도 읽고 또 읽어야 할 가치가 넘친다. 찬연한 정신의 첨탑(尖塔)을 우리들 마음 속에 스스로 쌓을 수 있기 때문이다.

지은이

제1장 고통 속에 희망 속에

삭풍과 겨루던 뜨거운 민족얼

잡목 숲에 갇힌 만주벌 매서운 바람이 스산한 소리를 내고 있던 1931년 11월 16일, 두터운 외투깃에 얼굴을 깊이 파묻은 한 사람이 뤼순(旅順) 관동 형무소(關東刑務所)의 육중한 문 앞에 섰다. 우중충한 잿빛 담이 높게 둘러쳐져 있는 이 형무소는 바로 수십 년 전 민족의 영웅 안중근(安重根) 의사가 처형되어 순국한 곳이기도 하다. 당시 안 의사가 혹독한 고문을 당했던 방에는 형틀과 밧줄, 고문 기구들이 그대로 남아 있었고, 그 것은 또 다른 수인(囚人)들에게 육체적 시련을 가해 억지 자백과 전향을 강요하는 도구로 쓰이고 있었다.

이날 뤼순 감옥에서 단재 신채호 선생의 면회를 청한 사람은 《조선일보》의 신영우(申榮雨) 기자였다. 그 얼마 전 만주 완바오 산(萬寶山) 지역에 사는 한국인 이주민들과 중국인들 사이에 큰 싸움이 벌어져 쌍방이 커다란 피해를 입은 비극적 사건이 있었다. 신영우 기자는 이 사건으로 인한 동포들의 피해 상황을 취재하기 위해 그 곳에 특파되었던 것이다.

그에게는 단재 선생을 면회하는 일이 완바오 사건의 취재 못지 않게 중요하게 느껴졌다. 면회 시간은 불과 15분이었다.

"밖에서 듣기로는 안질이 생겨서 퍽 곤란하시다는데, 좀 어떻습니까?"

"한동안 몹시 곤란했지만 지금은 눈병 때문에 크게 어렵거나 하지는 않습니다. 다만 하루에 여러 번 일어나서 소변을 보는 것이 좀 이상할 뿐이지요."

"옥중에서 다소 책자를 보실 수 있습니까?"

"될 수 있는 대로 책을 봅니다. 강제 노역에 동원되기 때문에 시간은 없지만, 중간에 10분쯤 쉬는 동안에도 될 수 있으면 책을 읽습니다. 귀중한 시간이 아까워서요."

"선생님께서 오랫동안 노력하여 저작한 〈조선사〉가 《조선일보》 지상에 매일 실리고 있는 걸 아십니까?"

"네, 알고는 있습니다만, 게재를 중지시켜 주었으면 좋겠습니다. 그것은 비록 내가 지금까지 혼신의 힘을 다 쏟아 써온 것이긴 합니다만, 아직도 완벽하기에는 먼 것만 같아 도저히 더는 게재할 수가 없습니다. 부탁이니 돌아가시거든 게재를 곧 중지시켜 주시오. 만일 내가 10년의 형기를 무사히 마치고 나가게 된다면 다시 정정해 실으려고 해요."

"그건 겸손의 말씀이십니다. 선생님의 글은 게재되자마자 조선에서 큰 반향을 불러일으키고 있습니다."

"사실 내가 그 글을 쓸 때는 이처럼 속히 발표하려고 하지 않았어요. 더 깊이 연구해서 자신이 생긴 후에 하려고 했는데, 중도에 이런 처지가 되어 연구가 중단되어 버렸지요. 하지만 다시 건강한 몸으로 세상에 나가게 된다면 계속 연구하여 발표하려고 합니다. 스스로 내세우는 것 같지만 조선의 사색 당쟁(四色黨爭)에 관한 연구나 육가야(六伽倻)에 관한 것만큼은 내가 아니면 정확하게 쓸 수 있는 사람이 없다고 믿고 있습니다. 지금 여기에서는 다 쓸데없는 소리겠지만, 만일 내가 건강하게 세상에 다시 나가게 된다면 이것만은 자신 있게 발표할 수 있다고 늘 생각하고 있지요."

"대관절 그 건강으로 앞으로 남은 8년을 견디실 수 있겠습니까?"

"이대로만 간다면 8년의 고역은 능히 견딜 자신이 있어요. 그리고…… 살아야지요. 못 다한 중요한 일들이 있는데……."

단재 선생은 그러고 나서 돌아가는 신영우 기자에게 주요한 역사책 문헌들과 세계어인 에스페란토 어(語) 책 및 사전을 보내 달라고 신신 당부했다.

삭풍이 휘몰아치던 급박한 시간과 공간, 숨마저 제대로 쉬기 어렵던 극한 상황 속에서 단재의 민족얼은 언제나 뜨겁게 불타고 있었다.

대한 남아의 역사혼(歷史魂), 그 마지막 심지인 신채호는 정기(正氣) 어린 겨레의 광채로 삭풍과 겨루어 나갔다.

오직 조국만을 위해

일제의 강점으로 캄캄하던 시절, 민족 사학(民族史學)을 일으켜 우리 온 민족에게 긍지와 용기를 주었으며, 그 자신 학문에서 얻은 힘과 긍지로 겨레의 얼을 기르는 일과 빼앗긴 나라를 되찾는 일에 57년 한평생을 바쳤던 단재 선생은 차가운 독방에 갇혀서도 조금도 절망하지 않았다. 왜곡되어 잘못 전해진 우리 역사를 바로잡는 일, 그리고 조국 광복을 통해 이 민족의 밝은 역사를 여는 일, 이들은 한치의 절망도 허용할 수 없는 너무도 분명한 선생의 신념이었기 때문이다.

그러나 신채호 선생의 그 뜨거운 열정도 뤼순의 살인적인 추위를 이겨 내기에는 너무 힘에 겨웠다. 시멘트 맨바닥에 깐 다다미 위로 차가운 기운이 올라와 처음에는 뼈마디를 움직일 수 없게 했으며, 차츰 생명까지 위협해 왔다.

'안 돼! 이대로 죽어서는. 조국 독립을 보아야 한다. 조선 역사를 완성시켜야만 해!' 신채호 선생은 가물거리는 의식을 한사코 부여잡았다. 감옥에 갇히기 전, 민족 혁명 운동을 한창 활기차게 벌이던 무렵에 써두었던 시구(詩句)를 몇 번이고 되뇌어 보았다.

너의 눈은 해가 되어
여기저기 비치우고지고
님 나라 밝아지게.

너의 피는 꽃이 되어
여기저기 피고지고
님 나라 고와지게.

너의 숨은 바람되어
여기저기 불고지고
님 나라 깨끗하게.

너의 말은 불이 되어
여기저기 타고지고

님 나라 더워지게.

살이 썩어 흙이 되고
뼈는 굳어 돌 되어라.
님 나라 보태지게.

—〈너의 것〉

단재 선생의 마음과 몸, 그리고 모든 것이 선생의 것이 아닌 '너의 것', 곧 조국의 것이었다. 선생의 한 몸이 스러진다 하여도 고스란히 '님 나라'에 보탬을 줄 수 있다면 기꺼이 죽으리라는 각오는 이미 이 나라가 어둠 속으로 빠져드는 그 순간에 해두었지만, 이제 막상 죽음이 가까워 오는 시각에 다시 한 번 그 각오를 되새겨 봐야 했다.

기꺼이 죽으리라.

조국이 부르면, 역사가 부르면 피 뿌리며 눈감으리라.

쑥죽으로 연명하며

단재 신채호 선생은 1880년 12월 8일 역사의 아픔 속에서 태어나 57세로 세상을 마치기까지, 어둠 속에서 희망의 밝은 빛을 발한 분이었다.

선생의 아버지 고령 신씨(高靈申氏) 광식(光植) 공은 가난한 시골 선비로, 집안이 아주 몰락하다시피 하여 본래 살던 충청북도 청원군 가덕면(加德面)을 떠나 한밭 곧 지금의 대전 근교인 충남 대덕군 산내면(山內面) 어남리(於南里) 도리미[桃林] 마을 외가댁 옆에 간신히 묘막(墓幕)을 얻어 살아야 할 정도로 가정 형편이 어려웠다.

신채호 선생의 할아버지인 신성우(申星雨) 공은 사간원(司諫院)의 정6품 벼슬인 정언(正言)을 지냈으나, 타고난 청빈함 때문에 전혀 재산을 모을 수가 없었다. 그런데다가 19세기 말에는 궁궐내 파벌간의 세력 다툼이 치열해져서, 신성우 공은 벼슬에서 밀려나고 말았다. 그 후 집안 사정은 좀처럼 피지 못하여 극심한 생활난에 허덕이게 되었다. 경제적으로 몰락한 양반의 전형적인 모습이었다.

할 수 없이 할아버지는 할머니의 친정인 안동 권씨(安東權氏)촌으로 외동아들인 광식 공을 보내어 외가살이를 시킬 수밖에 없었다.

외가인 권씨촌 도리미에서 광식 공은 부인 밀양 박씨(密陽朴氏)와의 사이에서 첫아들 재호(在浩)를 낳았고, 서른두 살이 되어서는 귀염둥이 둘째 아들을 두었는데 이름을 채호(采浩)라고

하였다. 이 이름은 나중에 채호(采浩)로 고쳐지는데, 이분이 바로 단재 신채호 선생이다. 선생의 아호 단재(丹齋)는 최영 장군의 〈단심가(丹心歌)〉에서 딴 것이다.

아가의 첫울음이 하도 쩌렁쩌렁하여 부모로서 둘째 아들에 게 거는 기대가 은근히 컸지만, 그 한편으로는 찢어지게 가난 한 살람에 아이를 제대로 키울 수나 있을까 하는 걱정도 없지 않았다. 논마지기는 고사하고 밭조차 버젓한 것이 없었으니, 산간밭을 개간하여 보리와 콩, 옥수수 농사를 지어 허기를 메 우는 지경이었다. 그것도 보릿고개에는 남아 있는 식량이 거 의 없어 산나물을 캐어 죽을 쑤어 먹어야 했다.

이러한 곤란은 비단 신씨 집안의 일만은 아니었다. 자잘한 논배미마저도 얼마 되지 않고, 비좁은 골짜기마다 어지럽게 밭을 일군 도리미 부락이었으니, 일년 내내 허리를 펴지 못하 고 일해도 돌아오는 것은 굶주림뿐이었다. 이들은 아예 대대 로 가난을 물려받고 있었다.

나라 전체에도 이 무렵 처연한 긴장감이 감돌았다. 너덧 해 전에 조선 왕조가 깊은 잠에서 깨어나며 마지못해 나라의 문 을 열기는 했으나, 강대국들의 등쌀에 부대낄 조짐이 보이자 뜻있는 사람들은 가뜩이나 허약해진 나라의 안위를 크게 걱 정하고 있었다.

젖먹이 채호는 집안의 찌들린 가난과 불안한 나라의 운명을 아직 느끼지 못한 채 걸음마도 익히고 말도 배우면서 하루가 다르게 커갔다. 산모의 영양 실조로 젖이 안 나와 굶주린 아기가 칭얼거리다 못해 까무러친 일도 몇 번 있었다. 그러나 생명이란 참으로 끈질긴 데가 있어, 젖먹이 채호는 그러한 역경 속에서도 총명하게 자라났다. 다만 어쩔 수 없이 몸은 허약하여, 다른 부자집 아이들처럼 힘차게 뛰놀지 못하는 일이 광식 공 내외로서는 몹시 마음이 아플 뿐이었다.

충남 대덕 도리미는 부근의 두 부락과 합해 어남리를 이루고 있는데, 계족산(鷄足山) 봉우리들이 이어지는 사이의 삼태기 같은 깊은 골짜기에 군데군데 집이 들어서면서 자연스럽게 이루어진 마을이었다. 선생이 태어난 마을을 봉소골[鳳巢]이라고 부르는 것도 새둥지 같은 깊은 산 속에 삼태기 모양을 하고 있기 때문이었다.

이제 산과 들을 자유롭게 뛰어다닐 수 있을 만큼 자란 채호는, 가난에 찌들려 늘 우중충한 집안 분위기가 싫어 쑥죽으로 아침을 먹고 나면 곧장 밖으로 나와 햇볕 속을 돌아다녔다. 야윈 얼굴이 햇볕에 그을려 더욱 깡말라 보였지만, 커다란 두 눈은 늘 어린애답지 않은 광채로 빛나고 있었다.

마을 사방이 산으로 막힌 까닭에, 채호는 몹시 답답하지 않을 수 없었다. 그는 늘 산 너머 저 쪽을 꿈꾸었다. 거기에는 분명 이 곳보다 훨씬 넓고 전혀 다른 모습을 한 세계가 펼쳐져 있을 거라는 생각을 하다 보면 저도 모르게 가슴이 설레었다. 빨리 자라서 커다란 세계로 뛰쳐 나가고 싶어 진정이 안 되었다.

청원(淸原)에 돌아와 뜻 세워

사람에게 자연은 가장 큰 배움터이다. 거친 환경이 흔히 큰 사람을 만들기도 한다. 어려서부터 냉혹한 역경에 단련된 사람은 장차 어떤 큰 시련이 닥친다 해도 꿋꿋하게 맞서 싸울 수 있는 힘을 지니게 마련이다.

단재 선생의 유년 시절은 의식주(衣食住)마저도 극도로 빈핍(貧乏)하여 생지옥이나 다름없었으나, 오히려 그러한 경험이 그로 하여금 더 춥고 배고픈 사람들 편에 서게 했고, 나아가 비참한 상태에 빠진 이 나라의 운명을 바꾸는데 그 자신을 온전히 바칠 수 있게 했다.

하지만 극도로 가난하다는 것은 몹시 고통스럽고 불편한 일이었다. 훗날 망명 시절, 선생은 어린 시절을 떠올리면서, 동지인 원세훈(元世勳)에게

"나는 아이 때부터 콩죽에 하도 물려서 쉰 살이 가까운 지금에도 콩죽이라면 몸서리가 날 만큼 신물이 난다오" 하고 실토한 적도 있다.

"하하, 내 생각에는 그나마 콩죽이라도 먹는 날은 몹시도 신이 나 있었을 것 같은데요?"

"하긴 그랬지요. 콩죽을 못 먹을 때는 산에서 쑥을 캐다가 죽을 쑤어 먹었고, 그나마도 없을 때는 끼니를 건너뛰기가 일쑤였소. 어디 곤란이 이것뿐이었겠소마는, 지금도 우리 국민들 태반이 이러한 궁핍 속에서 허덕이고 있음을 생각할 때 하루빨리 독립을 성취해야 한다는 생각뿐이오."

"예, 우리 국민들의 피를 빨아 먹는 왜놈들을 조국 땅에서 빨리 몰아내야지요."

이처럼 단재 선생은 헐벗고 가난한 속에서도 구차한 노예의 삶을 뿌리쳤고, 시대의 아픔을 자기 육신의 고통처럼 느끼면서 독립 항쟁의 선봉에서 씩씩한 희망의 횃불 구실을 다하려 했다.

채호 소년은 일곱 살 되던 해(1886년)에 아버지를 잃는 비운을 겪었다. 불과 서른여덟밖에 안 되어 세상을 떠난 아버지는, 자신의 대에 못 이룬 소망을 아들에게서 실현해 보고자 재호와 채호 두 아들에게 일찍부터 학문의 길을 열어 주고 늘 격려하기를 잊지 않았었다. 아직 철부지 채호였지만, 항상 곁에서 용기를 북돋아 주던 아버지를 볼 수 없게 되어 그 허전함이란 이루 말할 수가 없었다. 안방에서 아버지의 글 읽는 소리가 들리는 것만 같아 문을 열어 보았다가 실망한 적도 여러 번이었다.

돌아가신 아버지는 고향을 찾아 충북 청원군 낭성면(琅城面) 추정리(楸亭里) 가래울[楸洞] 대왕산(大旺山) 후미진 곳에 묻혔다. 그리고 남은 식구들도 일가 친척들이 많이 모여 사는 낭성면 귀래리(歸來里) 고두미 부락으로 옮겨 왔다. 이 곳은 바로 고령 신씨의 본고장이었다.

언제나 바람 소리가 청아하고, 밤이면 물에서 막 건져 낸 듯한 맑은 달이 뜨는 고두미 마을은, 청주에서 동남쪽으로 60리쯤 떨어진 곳에 위치하고 있다. 고두미 마을에 이르는 길 일대에는 고령 신씨들이 많이 모여 살고 있었기 때문에, 옛날부터 다른 성을 가진 손님이 신씨 문중을 방문할 때는 이 고장 어느 곳이나 신씨 일족(一族)이 있다 하여 청주와 보은 사이를 오가는 중에도 항상 차림새를 바로 갖추고 다닐 정도였다.

채호 소년의 집안 살림이야 이 곳으로 옮겨 왔어도 나아질 게 없었지만, 그 자신은 대대로 선비들이 학문하는 분위기를 이뤄 온 청주 부근으로 오게 됨에 따라 비로소 선비의 뜻을 세워 나갈 수 있게 되었다. 마침 할아버지가 이 마을에서 서당을 열고 있어서 그는 본격적으로 한학을 익히게 되었고, 차츰 뛰어난 재질을 보이기 시작했다.

할아버지 문하에서

맑고 깨끗한 마음가짐을 잃지 않는 소년 채호는 아름다운 자연이 베푸는 청정한 분위기에 젖어들어, 할아버지가 차린 서당에서 해맑은 목소리로 글을 읽어 나가며 신비로운 배움의 세계에 빠져들었다. 가난 속에서도 신씨촌 집안 어른들의 따뜻한 인정에 감싸일 수 있었던 탓에, 채호는 아버지를 잃은 슬픔을 딛고 이제는 맑고 건강한 소년으로 커갔다.

할아버지 성우 공은 손자의 재능에 적이나 감복하면서도, 손자에게로 향하는 사랑을 훈장으로서의 엄격함 속에 애써 감추고 있었다.

고향은 참 따뜻한 곳이었다. 그러면서도 장차 소년이 역사적인 삶을 위하여 끊임없이 분발하고 시련을 이겨 낼 수 있도록 하는, 사고와 의지의 원천이 되어 주었다. 이러한 고향은 평생 단재 선생의 마음 속에 그리움으로 간직된다.

망명 천지를 떠돌면서도 선생은 문득문득 고국과 고향에 대한 애틋한 그리움을 시로써 읊조리기도 했다.

한 굽이 맑은 강 두 언덕엔 숲이 있고

두어 칸 초가 한 채 강기슭에 있었다.

맑은 바람은 얼굴 아래 베개를 스쳐 불고

처마끝 밝은 달빛 거문고를 비추었다.

들길에는 이따금 다람쥐 지나가고

모래밭엔 변함없이 흰 갈매기 떠돌 텐데

어찌하여 십 년이 가도 돌아가지 못하고서

이역 땅에 머물러 고향 잃은 노래만 부르는가.

—〈고향〉

맑은 바람 밝은 달빛의 고향 산천이었다. 채호 소년의 두 눈은 투명하면서도 총기(聰氣)로 가득 찼다.

할아버지는 지금은 향리 서당에서 글을 가르치고 있지만, 예전에 정언(正言) 벼슬을 지내기도 한 실력이 대단한 분이었다. 할아버지는 인품 또한 고고하여 이 지방 사람들의 존경을 한몸에 받고 있었다.

어느 날 아버지를 잃고 꾀죄죄한 모습으로 이 마을에 나타났던 성우 공의 손자는 얼마 안 있어 마을 사람들 사이에서 작은 화제거리가 되었다. 서당에서 차츰 글의 참맛을 익히게 된 채호가 글방에서 누구보다도 뛰어난 실력을 보여, 같이 공부하는 숙생(塾生)들 사이에도 화제가 되었고 또 그들 입을 통해 금방 마을 전체로 소문이 퍼졌기 때문이었다. 마을 사람들은 하나같이,

"역시 피는 속일 수 없는 게로군. 조그만 녀석이 어디서 그런 영특함이 나오는지……."

"두고 보라구. 장차 제 할아비를 능가할 아이야."

하며 입을 모았다.

훈장인 할아버지 자신도 다른 숙생들이 제대로 가르침을 따라오지 못할 때면,

"너희들은 두 번 세 번 가르쳐 주어도 모르니 저 어린 채호보기에도 부끄럽지 않느냐?"

하고 꾸짖다가는 움찔 놀라기도 했다. 다른 아이들을 꾸중한다는 게 손자를 칭찬하고 말았기 때문이다. 그렇지만 손자는 정말 칭찬을 받을 만했다. 한번 가르친 글은 척척 욀 뿐만 아니라 그 깊은 뜻까지도 유창하게 풀어 나갈 정도였으니 말이다.

할아버지 성우 공은 시간 나는 틈틈이 두 손자 앞에 고령 신씨 가문의 역사를 일러주었다.

"우리 고령 신씨 시조 성자[成] 용자[用] 어른은 고려때 문과에 급제하시고 검교(檢校)와 군기감(軍器監)의 벼슬을 지내신 분

이다. 그 윗분들은 신라의 공족(公族)으로 여러 대에 걸쳐 고령에 살면서 호장(戶長)을 지내 왔기 때문에 우리 문중이 고령 신씨로 계승되어 온 게다. 시조 8세손 문충공(文忠公) 할아버지 때에 와서 그 어른의 빛나는 문명(文名)과 탁월한 정치 수완으로 해서 우리 집안은 크게 떨치게 되었지."

문충공은 보한재(保閒齋) 신숙주(申叔舟)를 일컫는다. 바로 신채호의 직계가 되는 문충공은 세종대왕 때 집현전(集賢殿) 학사로 정인지(鄭麟趾), 성삼문(成三問) 등과 함께 한글을 만드는 데 큰 공을 세웠다. 문충공은 그 뒤 여러 관직을 두루 거쳐 오늘날의 국무총리인 영의정에까지 올랐다. 뛰어난 학식과 문장은 당대의 사표(師表)였으며, 정치 수완도 뛰어나 성종까지 왕이 여섯 번이나 바뀌도록 중요한 정승 자리에서 나라 정책을 이끌었다.

"채호야. 너는 문충공만큼의 학식과 문장을 겸비해야 한다. 그리고 무엇보다 네가 한 공부가 진정으로 이 나라를 위한 일이 되어야 한다. 어떤 방법으로 나라를 위해 크게 몸바칠 수 있는가는 차차 네 스스로 생각해 내야 한다."

소년 채호의 눈은 초롱초롱 빛나고 있었다. 가슴 속에서 뜨겁게 솟구쳐 올라오는 것이 있었지만, 아직 그것이 무엇인지는 알지 못했다.

큰 나[大我]에 눈뜨고

처음에 집안의 내력 정도에 머물던 채호 소년의 생각이 나라와 겨레의 역사로 확대된 것은 아홉 살 때 중국 역사를 쓴 《통감(通鑑)》을 통달하면서였다. 그는 그 뒤로도 《삼국지》《수호지》 등의 역사 소설을 즐겨 읽으면서 차차 우리 역사에도 눈을 뜨기 시작했다.

내 집이 작은 집이면 나라는 큰 나의 집이 된다. 작은 나는 죽어 없어질 수 있어도 국가와 민족이라는 큰 나는 영원히 사라지지 않는다. 당시 열 살 정도에 불과한 채호 소년에게 이처럼 커다란 생각이 굳건히 자리 잡혀 가고 있었다.

훗날 채호 소년은 어른이 되어 많은 훌륭한 저술을 남겼는데, 그 중에는 〈큰 나와 작은 나〉라는 글도 있어 사람들에게 나라 사랑의 참뜻을 가르쳤다.

내가 국가를 위하여 눈물을 흘리면 눈물을 흘리는 나의 눈만 내가 아니라 세상에 유심한 눈물을 뿌리는 자 이 모두 나이며, 내가 사회를 위하여 피를 토하면 피를 토하는 나의 창자만 내가 아니라 천하에 값있는 피를 흘리는 자 이 모두 나이며, 내가 지극히 뼈에 사무치는 원한을 품은 원수가 있으면 천하에 칼을 들고 일어나는 자 이 모두 나이며, 내가 마음에 새겨 잊지 못할 부끄러움 있으면 천하에 총을 메고 도모하는 자 이 모두 나이며,

내가 싸움의 공(功)을 사랑하면 천백 년 전에 나라를 열고 땅을 개척하던 성제 명왕(聖帝明王)과 현상 양장(賢相良將)이 이 모두 나이며…….

선생은 어디까지가 진정한 자기의 모습인가를 알도록 이러한 여러 가지 예를 든 후, 사람들이 좀더 큰 나를 보지 못하고 작은 나에게 집착하며 사는 것을 슬퍼했다.

슬프다. 온 세상이 어찌하여 자기의 참면목을 알지 못하고 혹 입과 배만을 나라고 하여 많은 음식으로 이것만 채우고자 하며, 가죽과 살을 나라고 하여 찬란한 의복으로 이것만 꾸미고자 하며, 혹 생명이 나라 하고 또 문벌을 나라 하여, 부끄러운 욕이 오든지 자유를 빼앗기더라도 이것만 보존하고 이것만 유지하려 하다가, 조상에게는 불손한 자손이 되고 국가의 죄인도 되며 동포의 좀과 도적도 되고 인류의 마귀도 되나니, 오호라, 자기의 참면목이 나타나는 날이면 어찌 설워 울고 이를 갈지 아니하리요.

이미 열 살 무렵 더 큰 나에 눈뜨기 시작한 단재 선생은 그 뒤로 결코 사리나 사욕만을 차리는 법이 없었다. 나라를 위해 생명을 바친다는 것은 곧 더 큰 나를 위하는 길이 됨을 알기에, 그 위험한 독립 운동에 뛰어들고서도 조금도 두려움을 갖지 않았던 신채호 선생이었다.

곱상스럽게 생긴 얼굴에 누구에게나 다정 다감한 소년 신채호는 본래 허약한 체질이라 잔병을 많이 앓았다. 그러나 앓아 누운 날에도 그의 손에는 반드시 책이 들려 있곤 했다.

그는 서당 안에서 한시를 잘 짓기로도 정평이 나 있었다. 주변의 수려한 자연 경관은 채호 소년의 섬세한 정서를 자극하기에 충분했으며, 농촌 생활 특유의 풍취는 그의 시심(詩心)을 북돋우었다.

하루는 써레와 쟁기를 지고 논을 갈러 나가는 할아버지를 유심히 지켜 보다가 한시를 지었다.

이른 아침 써레와 쟁기를 지고 들로 나가서

논을 갈아 나가니 흙이 많이도 일어난다.

(朝出負而氏 論去地多起)

채호 소년은 이 시에서 한자를 독특한 방법으로 사용하여 어른들을 깜짝 놀라게 했다. 더욱이 서당 공부를 시작한 지 얼마 안 되어서의 일이어서 사람들은 더욱 놀랄 수 밖에 없었다.

음력 정월이 되자 채호도 동네 아이들과 함께 연날리기에 재미를 붙여 코끝이 빨개지도록 추위도 잊은 채 언덕 위를 맴돌았다. 자기 연이 하늘 높이 날아 오를 때면, 자신이 마치 연이라도 된 것처럼 짜릿한 현기증을 느꼈다. 연싸움도 재미 있었다. 바람만 잘 타서 연을 조정하면 너끈히 승자가 될 수 있었다. 소년 채호는 흥겨운 연놀이를 하면서도 즉흥시를 한 편 써냈다.

　　높게 혹은 낮게 날림은 바람의 세고 약함에 있고
　　멀리 혹은 가까이 날림은 실의 길고 짧음에 있구나.

　　(高低風强弱 遠近絲長短)

　한번은 당나라 사람이 쓴 시를 읽다가 "4월 남풍에 보리가 누렇게 익어(四月南風大麥黃)" 하는 대목이 나오자, '거참 이상하다. 지금은 분명 4월이고 저 들판의 보리가 새파란데 어찌 누르다고 할까?' 하며 머리를 갸우뚱했다. 그리고는 얼른 붓을 들어 "4월 남풍에 보리가 더욱 푸르다(四月南風大麥靑)"로 고쳐놓았다. 총명하고 맑은 소년다운 직감이었다. 또 어느 새 그릇된 일에 대해서는 비판을 서슴지 않는 나름대로의 고집도 생기고 있었다.

　하루하루 채호 소년의 재능이 몰라보게 발전하자, 그 소문은 고두미 마을뿐만 아니라 그 일대 다른 마을에도 파다하게 퍼져 칭송이 자자했다.

"서당에 발을 들여놓은 지 얼마 안 되어 성구(成句)하였다니 놀랄 만한 재동이 아닌가!"

"고령 신씨 중시조(中始祖)인 보한재를 능가할 만한 문장가가 될지도 몰라."

이러한 어른들의 부추김을 받아서인지, 채호의 향학열은 더욱 뜨겁게 가열되었다. 이태쯤 뒤에는 한학의 기본 경전인 사서삼경(四書三經)을 막힘 없이 읽어 내려갔으며 스승인 할아버지가 아무리 구석구석 어려운 뜻을 물어도 그는 유창하게 풀어 냈다.

학문에 대해서는 몹시 까다로워서 좀처럼 숙생들을 칭찬하는 법이 없는 할아버지조차도

"열세 살도 안 된 너를 내가 이제는 더 이상 가르칠 수 없구나!"

하고 물러설 정도였다.

형마저 세상 등져

신채호는 학문에 대한 타고난 재질에다가 강직 근엄한 할

아버지의 엄격한 가르침까지 받아 15, 6세에 이미 학문이 확 트인 선비가 되었다.

그런데 이러한 자질과는 달리 그의 성격은 겉에서 보기엔 흐리멍덩하고 모든 일에 또렷하지가 못했다. 게다가 먹고 입 고 하는 일에 통 신경을 쓰지 않았고, 좀처럼 자기 감정을 표 현하지 않아서 그와 얘기할라치면 답답하여 부아가 치밀 정 도였다.

한번은 그러한 얘기가 할아버지 귀에까지 들어갔던지, 할 아버지가 채호를 불러

"세상 사람들이 너를 보고 흐리고 못났다고 하니 무슨 까닭 이냐?"

고 의아해 하며 물었다.

그러자 채호는 그런 말에 별로 개의치 않는다는 투로

"나보고 못났다고 말하는 사람들도 별수없습니다"

하고 잘라 말했다.

그의 성격상의 문제는 그 정도 선에서 그치는 게 아니었다. 도무지 먹고 살 궁리를 하지 않아, 벌써부터 들일에 나선 그 또래의 다른 소년들과는 달리 그는 공부 이외의 일에는 무심 하고 소홀할 뿐이었다.

할아버지는 이 점이 더욱 우려되었다.

"채호야, 너도 이제 성혼할 나이가 가까워 오는데 네가 생활력이 없다고 사람들이 좀처럼 딸을 내주려 하지 않는구나."

"할아버지, 저는 평생 제가 하고자 하는 일을 위해서는 되도록 다른 사소한 일들에 매달리지 않으려고 해요. 그런 사위를 전혀 이해하려고 들지 않는 집안과 결혼해서 서로에게 무슨 이득이 되겠습니까? 그런 말들이나 흘리고 다니는 사람은 마음에 두지 마십시오."

또렷또렷한 답변에 할아버지는 어안이벙벙해져서, "허참, 그놈도!" 하며 말문이 막힐 수밖에 없었다. 겉으로 다소 미욱해 보이는 손자였지만, 역시 할아버지가 기대하는 바를 벗어나 있지는 않았다.

그런데 채호가 열세 살 되던 해에 형 재호가 덜컥 세상을 등졌다. 재호 형은 1872년에 태어나 불과 20여 세밖에 안 되어, 형수 순흥 안씨(順興安氏)와의 슬하에 향란(香蘭)이라는 한 점 혈육만을 남긴 채 세상을 떠나고 말았다.

아버지를 일찍 여읜 까닭에 아버지 역할까지 대신해 주던 형이었던만큼, 채호 소년은 또 한 번 하늘이 무너지는 듯한 슬픔을 겪어야 했다. 형은 생활의 기둥이기도 했기 때문에 남은 식구들, 즉 할아버지와 어머니, 형수와 조카딸, 이 다섯 식구의 살림을 꾸려 가야 한다는 사실이 이제는 채호에게도 부담감을 주게 되었다.

　그러나 무엇보다도 형과 함께 뛰놀던 인경산 기슭이며 물 맑은 시냇가, 형이 즐겨 앉아 옛이야기를 해주던 고목나무 그루터기……, 이 모두에게 채호는 도무지 형의 모습을 떨칠 수가 없었다.

　오랜 세월이 지난 후에도 신채호 선생은 고향의 향긋한 정취를 떠올릴 때면 반드시 그 속에서 함께 뛰놀며 자라던 형에 대한 애틋한 기억들을 더듬어 내곤 했다.

　　아버님 남긴 우리 아들 형제 두 사람

　　기구한 이십 년에 달고 쓴 맛 다 겪었어라.

　　귀래동 마을에는 우리 자란 삼간집

　　옥리하 냇가에 봄이 오면 꽃 피고

　　비바람 불면 상에 누워 옛이야기 같이 하고

　　서가에는 책이 쌓여 가난 걱정 없었는데

　　뉘 알았으리 오늘 밤 이역 만리 길손 되어

　　하늘가에 홀로 앉아 눈물만 흘릴 줄을.

　　　　　　　　　　　　　　　　　　　—〈형님 기일(忌日)에〉

　어려운 시절을, 서로 힘이 되어 살아왔던 형제였다. 귀래동 집은 초가 삼간 허름하기 짝이 없었으나 조상대대로 내려온 귀중한 책더미에 묻혀 있다 보면 저절로 부자가 된 듯한 기분이었다. 그래서

"형, 아무리 큰 부자도 우리만큼 많은 책을 갖고 있지 못할 거야?"

하면 형 재호는,

"그럼, 우린 마음만은 세상에서 가장 큰 부자라고"

하여 형제가 신이 나 한 적도 있었다.

아무리 각박한 생활 속에서도 이들은 메말라 있지 않았다. 사시 사철 아름답게 변화하는 탐스런 자연과 고적한 농촌의 모습은 저절로 시흥을 돋구었다. 채호는 가끔 동네 아이들과 천렵(川獵)을 나가 농어를 잡아 모닥불에 구워 먹으며 즐거워하기도 했다. 입가에 시커멓게 숯불 그을음이 묻은 줄도 모르고 천진하게 고기를 뜯고 있는 그의 모습에서는 철모르는 아이의 해맑은 표정만 떠오를 뿐이었다. 때로 운이 좋아 농어를 많이 잡은 날은 집에 가지고 와서 어머니가 만들어 주는 회(膾) 요리를 먹을 수 있었다. 혀에 닿으면 녹을 듯한 그 맛을 채호는 뒷날 망명 생활 때까지 잊을 수 없었다.

고국의 농어회 맛 하 좋다 이르지 마라

오늘은 땅이 없거늘 어디다 배를 맬꼬.

나라를 빼앗기고 고향을 빼앗겼기에 우르르 몰려 천렵 나가던 훈훈한 그 풍습마저 빼앗겼는가. 고소한 농어회 맛조차 찾을 길이 없는가.

훗날 고향을 찾을 기약조차 없이 중국 천하를 떠돌 때에 눈물 속에 어른거리는 고향이란 무릉도원의 선경(仙景)과 다름없었다.

학문의 세계에 흠뻑 빠져

신채호가 열다섯 살에 접어들던 1894년 무렵 전국적으로 억눌린 농민들이 들고 일어났다. 호남 지방 일대에서 불붙기 시작한 동학혁명(東學革命)의 들불은 삽시간에 전국으로 확산되었다. 썩어빠진 정부를 뒤엎고 침략의 마수를 뻗는 외국의 세력을 몰아내고자 농민군들은 피를 뿌리며 싸웠다.

처음에는 전라도 고부(古阜) 땅 농민들이 탐관 오리들의 횡포와 가중한 조세 부담에 견디다 못해 들고 일어섰는데, 이러한 병폐는 이 당시 우리나라 전체가 앓고 있던 병이라 다른 지역으로도 삽시간에 퍼져 나갔다. 거기다 동학 접주(接主) 전봉준(全琫準)이 이끄는 동학교도가 합세하여 농민 혁명은 본격화되었다.

이들은 양반 관료 중심의 봉건 체제에 대항하였다. 노비는 태어날 때부터 노비 문서를 안고 태어나 아무리 뛰어난 재질을 지니고 또 아무리 열심히 일하더라도 평생 비천한 노비의 상태에서 벗어날 수 없었다. 농민들의 고통 또한 한결 같았다. 얼굴이 햇볕에 구리빛으로 그을리도록 허리 한번 못 펴보고 일을 해도 여기저기 뜯기는 데가 많아 정작 가족들은 항상 배고픔에 허덕여야 했다.

이러한 그릇된 제도를 깡그리 타파하여 누구나 평등하게 한 인간으로서 대접받을 수 있도록 해달라는 매우 근대적인 주장이 그들 농민군 사이에서 나왔다.

동학 농민군은 밖으로는 우리나라에 침투해 오는 청·일 두 나라의 제국주의 침략에 항쟁하였다. 부딪치고 깨어지더라도 내 나라 땅에서 우리 힘으로 살겠다는 민족적 긍지의 표현이었다.

그러나 이처럼 이상도 드높은 동학 농민 혁명은 신무기로 무장한 일본군과 관군의 개입으로 끝내는 좌절되고 말았다. 이 나라가 자주적 근대화의 길을 걸을 수 있었을지도 모를 기회를 잃고 만, 안타까운 일이었다.

한편 신채호가 살던 고두미 마을은 워낙 두메 산골이어서 혁명의 물결이 그 일대에까지 미치기 어려웠다. 그런데 이웃 마을 관정리(官井里)에는 얼마 뒤 동학혁명의 회오리가 몰아쳤다. 신채호의 집과 일가가 되는 구당(苟堂) 신병휴(申秉休)의 집은 난리판이었다. 지주 집안이라는 이유로 동학군의 공격 목표가 된 것이다. 성난 동학군들에 의해 그 가족이 포위된 아슬아슬한 순간에, 그 집이 본래 노복(奴僕)들에게 후하게 대했던 점을 누군가 얘기해 줌으로써 간신히 위기를 모면할 수 있었다.

그 집에서 일하던 남녀 노비가 서로 좋아하게 되어 도망을 쳤다가 그만 발각이 되었는데, 주인 신병휴는 그들을 용서하고 살림 밑천까지 대주는 관대함을 보인 적이 있었다. 그러한 미담은 혁명군들의 흥분을 가라앉히기에 충분했기 때문에, 신병휴의 집은 무사할 수 있었다.

그 무렵 채호는 구당이 열고 있는 서당에 다니기도 했다. 거기에서 그는 주인의 아들인 경부(畊夫) 신백우(申伯雨)와 만나게 되었다. 채호보다 아홉 살 아래인 신백우는 채호에게 할아버지 뻘이 되는 친척으로, 일생을 통해 동지적 관계를 계속하게 된다. 처음에는 함께 학문을 하는 학우로 시작하여 훗날에는 민중 계몽 운동과 독립 운동에 앞장선 민족의 선각자로서 같은 길을 걷는다.

그런데 신채호는 신백우 도령이 보기에도 결코 보통 사람은 아닐 정도로 학문에 몰두하는 자세를 보였다. 어느 날 백우 도령은 일전에 신채호가 다니던 인근 가덕서숙(加德書塾)의 숙생들로부터 그에 관한 웃지 못할 얘기를 들었다. 하루는 서숙에서 밤늦도록 여러 숙생들이 책을 읽고 있었는데, 갑자기 어디선가 고약한 냄새가 풍겼다. 모두들 코를 쥐고 문 밖으로 뛰쳐 나가기도 하며 우왕좌왕하는데 유독 신채호만은 조금도 동요하지 않았다. 그는 골똘히 책만 응시하고 있었다.

"도대체 이게 무슨 변고람! 누가 뒷간에 가지 않고 이 방 안에다 실례를 했는가 말이야?"

숙생들이 코를 움켜 쥔 채 방 안 여기저기를 둘러보았다. 아직도 책장 넘기는 일에만 몰두하고 있는 신채호가 앉은 곳이 흥건히 젖어 있지 않은가.

"아니! 자네……."

숙생들이 어이가 없어 채 말을 잇지 못하고 있는데, 이윽고 읽던 부분을 마저 다 읽은 신채호는 얼굴을 들고 흥분한 표정으로,

"여보게들! 이 신묘하고 깊은 뜻을 가진 글을 좀 보게나! 참으로 뛰어난 문장 아닌가"

하며 책을 들고 숙생들에게 다가갔다.

숙생들은 저마다 "이크! 가까이 오지 말게!" 하고 도망하며, "그보다는 자네 뒤를 먼저 보는 게 옳을 것 같아" 하며 놀렸다.

그제서야 신채호는 자신도 모르는 사이에 배설했다는 걸 알고 겸연쩍어 하며 슬그머니 집으로 발길을 옮기고 말았다.

이 이야기를 전하던 숙생은, 처음에는 신채호를 놀렸지만 돌부처처럼 앉아 책에 열중하던 그의 근엄 무상한 표정이 그가 사라지고 나서도 한동안 지워지지 않더라고 했다. 신백우로서는 참으로 웃을 수도 없는 일이었다.

"하기는 능히 그럴 분입니다만, 경우가 좀 지나쳤군요."

굽힘 없는 성미로 일관

이런 기이한 행동도 서슴지 않던 신채호였지만, 나이 열여섯이 되자 주위에서는 그의 결혼을 서둘렀다. 배필은 풍양 조씨(豊壤趙氏)로 구식 교육을 받아 오로지 부군과 가정에 충실한 살림꾼이었다. 당시 풍속에 따라 어른들이 일방적으로 맺어 준 아내여서, 도무지 의견이 맞지 않아 결혼 생활은 그다지 즐겁지가 않았다.

혼례를 치른 신채호는 그 동안 길게 땋아 내렸던 머리도 상투를 틀어 한결 어른스러워지긴 했지만, 가정적이고 자상한 남편은 못 되었다. 집안일도 별로 돌보지 않았고, 서당에 늘 박혀 있다가 밤이 늦어서야 돌아오는 버릇은 신혼때라 해서 조금도 달라지지 않았다. 그런데도 조씨 부인은 아무 불평도 없이 위로 시할아버지와 시어머니를 모시고, 남편을 잃은 동서와 그 딸 향란까지도 자상하게 살피면서 살림살이를 도맡아 했다.

그러나 이들 신채호 부부의 신혼 가정에 몰아 닥친 것은 갈수록 혹독한 가난이었다. 어려운 살림에 신채호 자신마저도 잔병을 자주 앓아 집안을 돌보기가 어려웠다. 겨울이면 땔감이 없어 냉방에서 지내느라 몸살 감기가 떠날 날이 없었다. 그 자신은 견딘다 해도 나이 든 어른들과 어린 조카를 생각하면 집에 대해 죄책감마저 들지 않을 수 없었다. 추위는 굶주림보다도 한결 견디기 어려웠다.

몹시도 춥던 어느 겨울날 밤이었다. 잔뜩 웅크리고 누운 가족들은 추워서 잠을 못 이루고 있었다. 그들의 낮은 신음 소리를 듣다 못해 그는 한밤중에 밖으로 나왔다. 이 시간에 나무를 하러 산에 오른다는 것은 불가능한 일이었다. 어떻게 해야 하나 골똘히 생각하며 고샅길을 서성이다가, 이웃집 헛간 옆의 장작이 수북이 쌓인 새초가리에 눈이 멎었다.

'저것만 있으면 온 식구가 따뜻하게 밤을 지낼 수 있을 텐데……. 주인 모르게 저걸 가져갈까? 결국 도적질이 되고 마는데, 어떻게 해야 하나…….'

양심은 눈을 부릅뜨고 안 된다고 하지만, 추위에 떨고 있을 가족 생각을 하며 어쩔 수가 없었다. 손에 잡히는 대로 장작을 한 아름 안고 빠른 걸음으로 돌아왔다. 아궁이 앞에 쭈그리고 앉아 군불을 지피면서 양심에 거리끼는 일을 한 것이 수치스러워 견딜 수가 없었다. 부끄러움을 다 태워 버리고 싶어 나뭇가지를 한꺼번에 잔뜩 집어 넣고는 그 매캐한 연기 속에 눈물을 떨구면서 꼼짝 않고 앉아 있었다.

가난은 이보다 더한 수치와 고통을 끝없이 요구했다. 춥고 배고파 기진해 있다 보면 엉뚱한 용기마저 생겼다.

식량이 떨어져 며칠을 굶다 못해 이웃에 사는 부자집 대문을 두드렸다.

"이리 오너라."

"웬일이오?"

"다름이 아니라 이 집의 남는 식량을 조금 빌까 합니다. 후일 반드시 갚겠습니다."

본시 돈을 모은 사람일수록 남에게 베푸는 일을 좋아하지 않는 터라, 거지 행각의 이 손님이 반가울 리가 없었다.

"지금 손님이 있으니 몇 시간 후에 다시 오는 게 어떻겠나?"

시큰둥한 말투로 얘기하는 품이 거절을 못 하여 적당히 미루는 것 같았다.

신채호는 무안하여 얼굴이 확 달아 올랐다. 그래도 약속한 몇 시간 후 그는 다시 이 집을 찾았다. 오기도 난데다가 사실 당장 굶어 쓰러질 판이어서 앞뒤 가릴 게 없었다.

이번에는 주인 아닌 다른 사람이 나왔다.

"안됐습니다. 우리 주인님께서는 조금 전에 다른 볼일이 생겨 인근 마을에 출타중이십니다. 조금만 일찍 오시지 그랬어요."

이 말에 신채호는 바람같이 주인이 갔다는 동네로 발길을 돌렸다. 그런데 거기서도 방금 다른 마을로 갔다고 했다. 그는 또다시 주인의 뒤를 쫓았다. 허겁지겁 뒤쫓아간 그는 인근 마을 입구에서 비로소 그 부자와 만날 수 있었다.

"아까 저와의 약속은 어떻게 된 겁니까?"

"이 사람아, 그렇다고 예까지 무엇하러 찾아와."

신채호는 분노에 찬데다가 쉬지 않고 뛰어오느라 아직도 가쁜 숨을 헐떡이고 있었다.

"……."

"밤이 깊었소만, 우리 집 사랑에 가서 기다리면……."

부자의 지연 전술에 그는 더 이상 참을 수가 없었다. 순간 그는 번개같이 달려들어 부자의 갓과 상투를 움켜 쥐었다. 불같은 성미인 10대 소년의 손에서 갓은 발기발기 찢겨져 땅에 내동댕이쳐졌고, 상투는 뜯기어 풀어 헤쳐진 머리칼이 아무렇게나 흘러 내렸다.

"당신 따위를 상대하느니 차라리 굶어 죽는 게 더 낫다! 이제 정신이 좀 드는가? 재물보다는 사람이 더 중요하다는 걸이 기회에 똑똑히 알아 두라구!"

신채호는 비굴을 이겨 낸 통쾌한 전율을 느끼면서 큰 소리로 부자를 꾸짖었다. 갑작스레 봉변을 당해 꼴이 말이 아닌 부자집 주인은 밤중이라 보는 사람이 없어 다행이라고 여기며 줄행랑을 놓았다.

우발적으로 맹랑한 일을 저지른 신채호는 이내 자신이 너무 흥분했던 점을 후회했다. 없는 자의 슬픔, 딱한 처지에 대한 반발이 아닐 수 없었기 때문이다.

큰 일에나 작은 일에나 비위에 거슬리거나 사리에 벗어나도록 푸대접을 받는 경우 그는 불같이 날뛰었다. 땔감을 훔쳐 온다든가 식량을 빌려 오려다가 어리석은 짓을 저지른 단재는 두고두고 후회스러운 마음을 참회할 수밖에 없었지만, 옳다고 믿는 사실이나 한번 품게 된 신념을 끝까지 내세워 밀고 나가는 점에서 겉으로는 부드러운 인상이지만 안으로는 매서울 만치 강한 성격을 지니고 있었다.

소년 시절부터 몸에 밴 이런 기질은 단재 선생을 과연 독보적이라 할 정도의 무서운 고집 불통으로 만들었다. 그에게는 타협이나 용서, 또는 관용 같은 것이 없는 편이었다. 비타협적인 독립 운동 노선을 끝까지 억세게 관철한 것도 그 성격의 승리가 아닐 수 없다.

단재는 격정의 사람이었고, 뜻을 굳힌 다음에도 산악도 무너뜨릴 그런 기세의 대장부였다. 원수를 사랑한다든가, 적당(敵黨)들, 특히 일본 강도 무리에게 인후의 덕을 베푼다는 것은 그로서는 도저히 용납할 수 없는 일이었다. 그는 비굴을 가장 싫어했기에, 부러질지언정 절대 구부리려 하지 않았다.

출중한 문장 실력

학문이 점점 깊어짐에 따라 이제 17세가 된 신채호에게는 커다란 걱정이 생겼다. 꽉 들어찬 서고의 책들은 몇 번씩이나 읽은 것들이어서 그의 지식욕과 향학열을 채워 줄 다른 책들이 필요했기 때문이다. 학문에 대한 그의 욕심은 그 끝간 데를 몰랐다.

"어디 가서 책을 구한담? 책이 있어야 읽지……."

늘 한탄이요, 불만이었다. 그런 손자를 위해 할아버지는 인근 내로라 하는 선비들 집을 찾아다니며 먼지 낀 책들을 빌려오기도 했다. 그러면 손자는 호롱불을 돋우어 밤을 새우다시 피하며 하루 이틀 만에 책을 너끈히 읽어 내고는 또다시 책 타령이었다.

하루는 할아버지가 의관을 정제하고 손자를 앞세워 인근 가덕면 청룡리 마을로 갔다. 그 곳에는 석헌(石軒) 신승구(申昇求) 댁이 있었다.

"할아버지, 진사 댁에는 볼 만한 책이 많이 있는가요?"

"거의 다 빌려다 읽긴 했다만, 오늘은 네 실력을 한번 시험 해 보고 싶어서란다."

"어떻게요?"

"그야 물론 진사 어른 석헌 대부(大父)와 실력을 겨루어 보는 일이다. 이 고을에 그만한 대학자도 없느니라."

"네? 어떻게 제가 감히 진사 어른과……."

"네가 그 대부의 인정만 받게 되면, 네가 보고 싶어 하는 책 이 무궁 무진한 곳에 자유롭게 드나들 수 있게 천거된단다."

"할아버지, 그게 사실이에요?"

"어때, 자신이 있느냐? 천안 근방이니까 좀 멀기는 하다만, 그 대감 댁에 가면 네가 원하는 책은 무엇이든지 읽을 수 있 을 게다."

신채호는 내심 뛸 듯이 기뻤다. 그렇지만 한편으로 석헌 선생 앞에서 시험받을 일을 생각하면 다소 긴장되지 않을 수 없었다.

석헌 선생은 근엄하면서도 어딘가 자애로운 데가 있어 보이는 어른이었다. 석헌 선생은 신채호의 나이가 아직 어린데도 매우 조심스럽게 대해 주었다.

"듣자 하니 채호 네가 시문에 매우 능하다고 하던데, 어디 오늘은 내가 그 재주를 한번 볼 수 있겠느냐? 고향에 대한 시를 지어 보아라. 형식은 칠언 팔구(七言八句)쯤이 좋겠다. 네 글이 끝나면 내가 곧 대작하는 글로 답해 보겠다."

먹을 갈면서 생각을 가다듬은 신채호는 이윽고 붓을 놀리는데, 막힘이 없었다.

고향의 문물이 모두 전과 같아서

그윽한 풍류가 신선 부러울 것 없어라.

봉우리의 나무들은 울창해서 특별한 경지를 이루었고,

시내의 얼음은 희고 희어 서늘하기 하늘 같아라.

고향 그리는 월나라 새는 바야흐로 꿈을 이루었고,

시를 생각하는 오나라 누에는 바로 잠들려 하는가.

읊기를 끝내고 다시 옛 글을 얘기하기에

한가로운 사람의 취미가 유유하여 믿음직하여라.

故園文物總依前　儒雅風流不用仙

峯樹擁蒼爲特地　唄氷呵白又涼天

鄉愁越鳥方成夢　詩意吳蠶正入眠

吟罷讀叢兼話擺　閒人趣味信悠然

　이 한시를 펴들고 몇 번이고 고개를 끄덕이던 신 진사는 운
(韻)에 맞추어 화답하여 써 내려갔다.

　젊은 나이에 재주와 명예가 사람 앞에 빛나

　자네는 청도(淸都 : 신선이 사는 상청도. 청주를 뜻하기도 함)에
　글자 아는 신선일레.

　맑은 정신은 단아한 선비로 일컬음직하고,

　아름다운 글귀는 천재임을 감탄하게 한다.

　구름 깊은 옛 마을은 그윽한 취미가 있고,

　겨울에도 따스한 방은 취해서 잠자기에 족하며,

　오랫동안 시를 읊지 않아 생각도 막히는데

　산 남쪽 저녁 기운을 유유히 바라본다.

　早年才譽耀人前　爾是淸都識字仙

　秋水精神稱雅士　落霞名句歎其天

　雲暖古洞多幽趣　冬暖疎簷足醉眠

　久廢吟詩思更齒　山南夕氣見悠然

글쓰기를 마친 석헌 선생은 시 작품을 넘겨 주며, 신채호의 시에 대한 평으로 극찬의 말을 아끼지 않았다.

"듣던 바대로 너는 문장을 다루는 소양이 대단하구나. 인근에서는 네 문장을 따라갈 사람이 없겠다. 일전에 네 조부님과 얘기가 있었다만, 네가 공부를 더 하고자 하는데 서적이 부족하여 전전 긍긍하고 있다기에 책을 많이 갖고 있는 대감 댁에 너를 소개하려고 한다. 이 시 한 편만으로도 너는 그 대감 댁의 서책을 열람할 자격이 충분할 것 같구나. 이제 너는 책다운 책들은 산더미처럼 쌓인 곳으로 가서 지식에의 갈증을 풀도록 해라."

"감사하옵니다."

돌아오는 할아버지와 손자의 발길은 몹시도 가벼웠다. 할아버지는 손자가 대학자(大學者)로부터 인정을 받은 일이 너무도 기특하며 마음이 흡족했다. 또 손자는 손자대로 많은 책을 얼마든지 볼 수 있게 됐다는 사실이 여간 설레는 일이 아니었다.

"할아버지, 그 댁이 천안이라고 하셨지요?"

"천안 삼거리에서 조금 들어가면 목천(木川)이라고 하는 곳에 양원(陽園) 신기선(申箕善) 대감 댁이 있느니라. 아까 잠깐 이야기한 대로 며칠 후에 천안에 올라가자꾸나."

신 대감 댁 수만 장서도 독파

당대의 대학자인 신기선은 한말에 재상(宰相)을 지낸 큰 인물이었다. 천원군 목천에 있던 신 대감의 집에는 역대의 귀중한 한묵 고전은 물론, 개화파 인사답게 국내외에서 발간된 신학문에 관한 많은 서적들도 알뜰하게 소장되어 있었다.

시골 구석에 묻혀 있던 젊은 선비 신채호의 뛰어난 재질과 학구열을 단번에 알아본 신기선 대감은 그에게 장서 열람을 허용하는 한편, 장차 큰 학자로 성장할 수 있도록 힘껏 뒤를 밀어 주겠다는 약속까지 하였다.

당시 국내의 뜻있는 지식인이나 명문가에서는 중국 등지를 통해서 들여온 새로운 서적들을 다투어 소장하고 있었다. 이미 향리에서 구학문에 대한 풍부한 소양을 섭취한 신채호는 신 대감의 서재에서 근대적인 신학문을 접하게 되면서 날로 그 경이로움 속으로 빠져 들어갔다. 한번 서재에 들어가 앉으면 좀처럼 움직이려고 하지도 않았다.

여기서도 얼마 안 있어 대부분의 책을 다 독파해 버린 신채호였다. 신기선 대감은 설마 하여,

"짧은 기간에 그 많은 책들을 다 읽었단 말인가?"

하며 사실인지 궁금해 했다.

"네, 다 읽었습니다."

그는 조금도 머뭇거리지 않고 대답했다.

그리하여 신 대감은 그의 재능을 시험하기 위해 책 한 권을 집어 들고 가장 까다로운 대목을 물었다. 그러자 신채호는 거침없이 술술 외며 시원스럽게 풀이까지 하였다. 다시 다른 책들을 꺼내 몇 가지를 더 물어 보았으나 여전히 청산 유수였다.

"허허, 정말 대단한 실력이로군!"

신기선 대감은 그의 비상한 재능과 학구열에 크게 감탄하지 않을 수 없었다.

"이제 우리 집 책도 다 읽었다니, 내가 자네에게 더 큰 배움의 길을 열어 주어야 할 차례구먼. 서울 유학을 생각해 본 적이 있는가?"

청년 신채호의 학문에 대한 정열은 좀처럼 지칠 줄 모르는 것이어서, 그는 벌써부터 이 나라 최고 학부인 성균관(成均館)에서 공부하기를 꿈꾸었다. 누구 못지 않은 학문의 기초 소양을 닦은 마당에, 성균관에서 더욱 체계적이고 깊이 있는 공부를 하게 된다면 어느 정도 학문의 완성을 볼 수 있을 것만 같았다.

"네, 성균관에서 공부하고 싶다는 생각을 죽 해왔습니다만, 실력으로 보나 제 형편으로 보나 어디 가능한 일이겠습니까?"

"그래 됐다. 나도 자넬 성균관에 보내어 장차 이 나라의 대학자가 되는 걸 보고 싶다. 내가 천거해 줄 테니 할아버지 모시고 서울로 올라가 성균관에 들어가거라. 자, 어서 지체 말고 서울로 가서 입교(入校) 수속을 밟도록 해라."

"네? 그게 정말이십니까?"

신채호는 기뻐서 어쩔 줄 몰랐다.

성균관에의 길 열려

뜻이 있는 곳에 길은 열리게 마련이었다.

찢어지게 가난한 농가에서 태어나 쑥죽으로, 잘해야 콩죽으로 연명해야 했던 암울한 시절에, 전국의 내로라 하는 양반 자제들과 대학자들이 모여 있는 성균관에서 수학하게 되리라는 것은 거의 상상조차 하기 어려운 일이었다.

그러나 청년 신채호의 학문에 대한 집념은 너무도 뜨거운 것이었기에 아무런 불가능도 눈에 보이지 않았다.

'아직 시기가 오지 않았을 뿐이다. 내가 희망을 잃지 않고 있는 한 내 꿈은 반드시 성취되고야 만다.' 어둡고 허름한 그의 집 방문을 열면 절망의 냄새가 확 끼쳐 나올 것만 같은데, 그는 그 방 한 구석에서 늘 희망의 심지를 돋우고 있었다.

희망이란 자는 만물의 주인이라. 꽃이 있음에 열매가 있으며 뿌리가 있음에 줄기가 있음 같이, 희망이 있으면 사실이 반드시 있나니, 하느님의 희망으로 세계가 곧 있으며, 민중의 희망으로 국가가 곧 있으며, 아버지와 할아버지의 희망으로 자손이 곧 있으며, 비슷한 무리들끼리 희망하여 친구가 곧 있으며 야만이 희망하여 문명을 갖추고, 완고가 희망하여 혁신이 있으며, 미약이 희망하여 강력을 가지며, 열등이 희망하여 우세함을 가지며, 나약한 사람이 굳세어지려면 굳셈을 희망하며, 쇠한 자가 다시 일어서기 위해서는 성함을 희망하나니, 크다 희망이여, 아름답다 희망이여. 농부의 천 개 만 개의 창고가 한 흙더미의 힘씀이며, 어부의 오호 삼강(五湖三江)이 한 그물의 성공이며, 인생의 백년 사업이 한 희망의 결과하는 바니라.

어떤 사실이 희망에서 일어난다 함은 본래의 이치지만, 희망 또한 사실로부터 생겨나는 것이니, 속담에서 말함과 같이 '소도 언덕이 있어야 비빈다' 하며, 희망 또한 가능한 방법이 있은 뒤에 생기는 것임을 생각하라.

단재 선생이 29세 되던 해인 1908년, 망국이 눈앞에 다가온 시기에 선생은 《대한협회월보》에 〈대한의 희망〉이라는 글을 실어 희망은 고통의 시대에만 싹틀 수 있다고 독려하였다.

이 글에서 말하고 있듯이 세상의 모든 일이란 희망함으로써만 성취될 수 있는 것이며, 망연히 앉아서는 아무것도 이룰 수 없다.

바로 열아홉의 청년 신채호는 절실히 희망함으로써 바라던 성균관에 입학하게 되었다. 한갓 가난한 시골 선비로서는 엄두도 못 낼 일을, 그는 희망함으로써 당당히 해낼 수 있었다.

은인과도 절교

마침내 1898년 가을 정든 집과 가족들을 뒤로 하고 서울로 올라오게 되었다. 부인과도 헤어져야 했다.

"내 공부가 스스로 흡족해지기 전에는 돌아오지 않을 테니, 그 시간이 얼마가 되더라도 이해하고 평안히 살기를 바라오. 가족들을 부인에게만 떠맡기게 되어 미안하구려."

그는 자기한테 시집와 지금껏 고생만 해온 아내에게 또다시 큰 짐을 지우고 가는 것이 안쓰러워 발걸음이 결코 가벼울 수 없었다. 그러나 남자가 한번 큰 뜻을 품으면, 그것을 실현하기 위해서는 다른 모든 것을 희생할 줄도 알아야 한다고 스스로 다짐하듯 못을 박았다.

가는 길에 신기선 대감 댁에 들러 다시 한 번 그 큰 은혜에 감사드렸다. 큰 배움에의 마지막 과정에 길을 열어 준 신 대감은 그에게는 결코 잊을 수 없는 은인이었다.

하지만 공과 사는 엄연히 구분되어야 했다. 20대의 명논설위원으로 활약하게 된 훗날의 단재는, 나라가 기울어 갈 때 신기선 대감이 일진회(一進會) 회원이 되어 친일 매국노로 나서자, 가차없이 〈일본의 충실한 노복 세 사람〉이라는 글을 써 그에게는 둘도 없는 은인인 그를 탄핵해 마지않았다. 신 대감의 서재에 드나들고 난 10년 뒤, 단재는 통한의 눈물을 뿌리며 이 글을 쓸 수밖에 없었다.

제1충노(忠奴)는 송병준(宋秉畯), 제2충노는 조중응(趙重應), 제3충노가 곧 신기선이었다.

오늘날 한국의 국권이 동편으로 건너가는 것을 사람이 다 통곡하더라도 나는 홀로 통곡치 아니하며, 한국의 제반 이익을 모두 빼앗기는 것을 사람이 다 통곡하더라도 나는 홀로 통곡치 않으려 하지만, 한국에 일본의 큰 충노가 세 사람 있는 것은 내가 부득불 통곡치 아니할 수 없으며, 부득불 방성 대곡치 아니할 수 없으며, 부득불 가슴을 두드리며 통곡치 아니할 수 없으며, 부득불 하느님을 부르고 땅을 부르짖으며 통곡하지 않을 수가 없다…….

제1충노 송병준은 일진회를 조직하여 5조약 때에 선언서로 1

등 공신이 되고, 그 수하 정병 40만으로 일본에 아첨하여 자위단 토벌대로 전국을 소요케 하고, 제2충노 조중응은 동아개진교육회의 두령이 되어 80만 명 보부상(褓負商)을 회집하여 이등(伊藤) 씨와 증미(曾彌) 씨의 호령을 기다리며, 제3충노 신기선은 이등 씨의 돈 1만 환으로 대동학회를 확장하여 유교를 부지한다 위명하고, 포고문 일장으로 국내 유림으로 위협하여 일본 권력 내에 복종케 하고자 하니, …… 부지 불각 중에 전국 2천만 인종이 저 일본 삼대 충노배의 소원과 같이 점점 일본인의 매와 일본인의 사냥개와 일본인의 소와 말이 되기 쉬우리니, 슬프다. ……침침한 그믐밤에 여우와 삵이 분분이 횡행하는도다.

참으로 원통하고 가슴 아픈 일이었다. 민족에 대한 반역 행위를 사사로운 정분으로 해서 덮어 줄 수는 없는 노릇이 아닌가. 결국 단재는 신기선과 절교를 하고 만다.

어찌 되었든 한말의 선각자 양원 신기선과의 만남은 그가 후일 학부 대신이 되고 친일파 우두머리가 되었다는 사실과는 관계없이 단재에게 큰 배움에의 길이 열리는 단단한 문턱이 되어 줄 수 있었다. 신사상(新思想)을 담은 서적들을 통하여 개화 사상을 받아들임으로써 단재는 세상 물정에 크게 눈을 뜨는 계기가 되었고, 양원과의 대담을 통해서 중앙 정계의 움직임도 어느 정도 살필 수 있게 되었다. 그리하여 구학문을 더욱 보충하여 알차게 하고, 신학문에 접근하여 크게 눈을 뜨게 되는 중요한 수학 시대를 맞게 되었다.

성균관의 최고 수재

성균관은 일찍이 고려 때에 국자감(國子監)으로 세워져, 1398년에는 서울 명륜동에 개설되었으니, 6백년의 역사를 간직한 가장 오래 되고 가장 권위 있는 고등교육 기관이었다. 성균관은 고려 시대부터 조선 왕조를 통틀어 겨레의 기둥이 되는 인재를 양성해 온 이 나라 학문의 총본산이었으며, 따라서 학비 일체를 국고에서 보조해 주고 있었다.

학교의 정원은 3백 명으로 이미 진사와 생원의 자격을 가진 유생을 수용하였고, 자리가 비었을 때만 다른 중등교육을 마친 학생 중에서 우수 생도를 선발하여 보충하였다. 따라서 지금의 비원에 이웃해 명륜동에 자리 잡은 성균관으로 들어가는 문은 좁지 않을 수 없었다. 신채호가 치열한 경쟁을 뚫고 이 좁은 문을 통과할 수 있었던 것은 신기선 대감의 추천 덕분이기도 했지만, 단재의 학식이 전국에서 모여드는 수재들과 실력을 겨룰 만큼 두드러진 결과였다.

지금의 성균관대학교 교문을 들어서면 오른편에 단청도 고풍스런 한옥이 들어서 있는데, 여기가 성균관의 옛 기숙사 동재(東齋)와 서재(西齋)다. 지방에 고향을 둔 많은 관생들이 이곳 기숙사에 머물면서 높은 향학 이념을 달성해 나갔다. 성균관의 오랜 역사를 말해 주는 그곳 마당의 거대한 은행나무는 가을이면 마치 노란 융단을 깔아 놓기라도 하듯이 단풍잎을 날린다. 이 은행나무 그늘에서 단재를 비롯한 이 나라의 걸출한 인물들이 고귀한 학식과 사상을 서로 나누고, 또 그 뜨거운 의기를 합쳐 나갔다. 그래서인지 오늘날도 성균관 동·서재 앞의 은행나무는 유난히도 무성한 푸르름으로 그 그늘에 머물던 빛나는 이름의 선비들을 기억하고 있는 듯싶다.

그 동안 이 책 저 책 닥치는 대로 읽어 왔던 신채호는 이 곳에 와서 처음으로 체계화된 학과목을 공부할 수 있었다. 학과목 대부분은 중국 고전으로《대학(大學)》《중용(中庸)》《논어(論語)》《맹자(孟子)》《시전(詩傳)》《춘추(春秋)》《주역(周易)》 및《예기(禮記)》가 중심이 되었다. 강의 방법은 교수가 일방적으로 학생들에게 내용을 전달하는 게 아니라 학생들이 전날에 공부해 온 바를 가지고 서로 질의 응답하는 식이었다. 그리고 학생의 공부한 내용에 교수가 만족할 경우에만 다음 교과 과정으로 넘어갔다.

이처럼 유생 스스로 자습하여 얻은 지식으로 교수와 문답식 고사를 하여 성적과 진도가 결정되었기 때문에, 학생들은 저마다 눈에 불을 켜고 공부하지 않을 수 없었다. 성균관에서는 독서와 암기 외에도 작문을 매우 중요시했다. 독서를 통해 학습한 바를 활용하고, 문장을 익히며, 사상을 정확히 발표할 수 있는 능력이 여기서 길러지기 때문이었다.

또한 성균관에서는 학문 못지 않게 선비로서의 자질을 갖출 수 있도록 유도(儒道)의 정신 교육도 소홀히 하지 않았다. 유생들은 매월 초하루와 보름이면 성묘(聖廟)를 참배하고, 수업 절차를 통해 예법을 익히며, 스승과 제자, 혹은 학우간의 예절을 체득해 갔다. 여기서는 국가가 필요로 하는 인재를 길러냄과 아울러 유교적인 사상과 교양을 갖춘 철저한 선비를 양성하는 일을 교육 목표로 삼고 있었다.

허름한 복장에 늘 골똘히 사색에 잠기는 모습의 신채호는, 처음에는 그저 시골 구석에서 글줄이나 했다는 선비 정도로밖에 여겨지지 않았다. 그러나 그의 진가는 곧 드러났다.

신채호가 성균관에 입학할 무렵에는 수당(遂堂) 이종원(李鍾元)이 관장 일을 대행하고 있었다. 바로 그 얼마 전까지만 해도 대학자이며 훗날 헤이그에 밀사로 파견되기도 했던 덕망 있는 독립 운동가 보재(溥齋) 이상설(李相卨)이 관장 일을 맡아

보았다.

관장 서리인 수당 이종원은 신채호의 재능과 실력이 갈수록 두드러지자, 많은 관생들 중에서 그를 가장 총애하였다. 그는 신채호가 나이 어린 제자임에도 학문적인 소양은 오래지 않아 자기를 능가하고 말 거라고 예견하고 있었다.

"나를 제대로 이해하는 사람은 자네 한 사람뿐일세."

어느덧 성균관의 큰 선비 이종원은 신채호 청년을 제자가 아닌 학문적 지기(知己)로까지 생각하게 되었다.

이러한 생각은 당시 경학(經學)을 가르치던 이남규(李南珪) 선생도 마찬가지였다. 그 역시 명망 있는 선비로, 신채호의 재능을 누구 못지 않게 인정해 주었다. 그는 어디에 가든지, "나의 제1제자는 신채호, 제2제자는 변영만(卞榮晩)이다"라고 거침없이 얘기하곤 했다. 수당(修堂) 이남규 선생은 항일 의병장 민종식(閔宗植)과 내통하며 의병 활동에 깊이 관여하였다는 이유로 1907년 가을 고향에서 그의 아들 충구(忠求)와 함께 일본군의 손에 부자가 함께 비장한 최후를 마쳤다.

한편 당시 단재와 함께 장래가 촉망되었던 관생으로는 변영만, 김연성(金演性), 유인식(柳寅植), 조용은(趙鏞殷) 등이 있었다. 이들은 강학(講學) 시간 외에 틈을 내어 자주 자리를 함께 하면서 진지하게 시국을 논하고, 장차 나라를 위해 목숨까지도 바칠 것을 뜨겁게 결의하곤 했다.

개화 바람을 일으키며

글도 잘하고, 사람과 나라를 다스리는 여러 가지 폭넓은 학식과 덕행 및 경륜을 완비하는 3년제 대학인 성균관은, 갑오경장(甲午更張)이 있고 나서부터는 근대적인 학문도 어느 정도 곁들였다. 그리하여 이전의 성균관과는 분위기가 사뭇 달라져 가고 있었다.

성균관에 몸담은 지 얼마 안 되어 스스로 상투를 잘라버린 신채호는 어느 누구보다도 진취적인 기풍이 넘쳤다. 그는 동재에 틀어박혀 근대 학문이 담긴 책들은 거의 모두 독파해 나갔다.

책 속에는 완전히 다른 세계가 가득 들어 있었다. 그 동안 우리가 나라의 문을 굳게 닫고 새로운 사상과 문명에 대해 좀처럼 마음을 열지 않고 있는 사이, 세계는 비약적으로 발전해 있지 않은가. 새로운 깨우침이 올 때마다 그는 그 한켠에서 늘 통한을 삼켜야 했다. 우리는 그 동안 무엇을 했단 말인가, 우리는······.

안동 출신의 동산(東山) 유인식은 영남 유림을 대표할 만큼 뛰어난 실력을 갖춘 선비였다. 그도 역시 동재에서 머물며 신채호와 두터운 친분을 나누었다. 나이도 위인데다가 한학 실력도 만만치 않아 단재와는 막상 막하의 실력을 겨룰 수준이었다.

그런데 그들은 만날 때마다 가벼운 입씨름을 벌이곤 했다. 바로 상투 때문이었다.

단재는 동산 유인식이 상투를 고집하는 게 못마땅했다.

"보오. 동산은 앞으로 많은 일들을 해 나가겠다면서, 대체 그 상투는 언제까지 고이 보존하시겠소?"

"단재, 자네가 단발을 했다고 나한테까지 그걸 강요할 수는 없네. 내게 있어서 상투는 바로 민족적 자존심이니까."

"내가 걱정하는 바는 동산 한 사람이 단발을 하고 안 하고의 문제가 아니오. 온 민족이 하루 빨리 개화하여야 할 시기에 민족을 위하는 일에 앞정서기로 뜻을 모은 우리가 그까짓 상투 하나 잘라 내지 못하고 있다면, 저 산적한 일들을 누가 나서서 다 합니까? 재래 유생의 보수적인 몸가짐을 고집하면서 어떻게 구국의 혁신을 가져올 수 있다는 거요?"

"……."

"동산도 어서 그 거추장스러운 상투를 자르시오."

단재의 논리가 하도 당당하여 결국 유인식은 고집해 온 상투를 잘라 버렸다. 그리고 한 마디 덧붙이지 않을 수 없었다.

"애초에 상투에 민족적 자존심을 걸었던 내 소견이 좁았던 것 같네. 우리 민족의 자부심은 보다 더 큰 데서 살려내야 하는 것을……."

이처럼 신채호는 자신이 옳다고 생각하는 일에 대해서는 거의 독선적이라 할 정도로 저돌적으로 밀고 나갔다. 그는 유인식뿐만 아니라 당시 성균관의 고루한 유생을 보기만 하면 먼저 긴 머리칼부터 깎아 버리라고 종용하였다. 말하자면 정신과 육신이 아울러 개화해야 한다는 신념의 관철이었다.

또 한편 단재는 학생 운동을 주도하는 문제 학생이기도 했다. 성토문이나 결의문을 작성하여 항일 운동을 전개하는가 하면, 학원 시위를 벌여 정부의 망국적인 처사에 맞서는 일 또한 없지 않았다. 성균관에서 수학하며 가르치기도 하는 7년 동안, 단재는 우수한 학생으로 또는 의로운 기상을 가진 선비로 날로 원숙한 면모를 갖추어 갔다.

제2장 언론 항쟁에 앞장

독립협회 가입

성균관에 입학하여 서울에서 큰 배움을 닦게 된 신채호는 비로소 우리나라가 처해 있는 어려운 상황을 구체적으로 알 수 있게 되었다. 명성황후가 일본인 손에 살해되어 그 시신마저도 불에 태워진 어처구니없는 사건인 을미사변(乙未事變)과, 그 이듬해인 1896년, 국왕이 스스로 궁궐을 버리고 러시아 공사관에 몸을 의탁한 아관파천(俄館播遷) 등, 이 나라를 통째로 삼키려 획책하는 외국 세력과 자신들 정권을 지키기에 급급하여 그러한 외국 세력들의 검은 손을 덥석덥석 잡아 버리는 정부 파벌간의 암투로 빚어진 비극적 사건들을 단재는 향리에서 소문으로밖에 들을 수 없었다. 이것들은 다가올 나라의 운명과도 관계된 커다란 사건이 아닐 수 없었다.

이때 서숙(書塾)의 친구들과 함께 비분 강개를 토하던 신채호는 어떻게 하든 이 땅에 외세가 발붙일 수 없도록 만들어야 한다고 굳은 결의를 세웠었다. 그러나 그 당시 그가 이 나라의 독립을 지키기 위해 할 수 있는 일이란 아무것도 없었다. 이제 16, 7세의 나이로 시골 구석에서 글이나 읽는 처지에 불과했으니까.

서울에 올라오자마자 신채호는 성균관 공부에 적응해야 하는 분망한 중에도 자신의 오랜 결심을 실천해 나갈 방법을 모색했다. 하루는 그러한 그의 의향을 알게 된 한 학우가 은밀히 그를 찾아왔다.

"단재, 이 나라 안에는 우리 민족의 자유와 독립을 위하여 싸우는 많은 뜻있는 사람들이 있다네. 모두 우리의 동지라고 할 수 있지."

"같은 민족으로서 우리의 독립을 위하여 싸워야 한다는 것은 지극히 당연한 일이겠지만, 문제는 방법이야. 신문명과 신무기로 무장하여 커질 대로 커진 외국 세력에 대항하기 위해서는 결집된 힘이 필요할 텐데……."

"3년 전에 서재필(徐載弼) 박사를 중심으로 독립협회가 조직된 것도 그 때문이지."

"독립협회? 그렇군! 내가 왜 그 생각을 못 했을까? 이보게, 나에게 자세히 좀 얘기해 주겠나?"

1896년 봄, 미국에서 돌아온 서재필 박사가 국내의 선각적인 청년 윤치호(尹致昊), 이상재(李商在) 등과 함께 조직한 독립협회는 민족의 독립과 민권의 확립을 위하여 참으로 많은 일에 앞장섰다.

협회가 설립되자, 우선 그 해 4월 7일 한글 전용의 《독립신문》을 창간했다. 아직 무지 몽매한 상태에서 벗어나지 못하고 있는 다수의 민중들을 개화로 이끌 수 있는 가장 효과적인 방법으로, 바로 언론의 힘을 이용하자는 취지였다. 《독립신문》에서는 우리의 독립을 지키기 위해 무엇보다도 나라의 힘을 길러야 한다고 강조하고, 미신 타파와 국민 단결은 물론 교육의 중요성과 남녀 평등 사상 등을 환기시켰다.

이 《독립신문》은 우리나라에서 최초로 한글을 사용한 근대적 신문으로서 의의를 지닌다. 4월 7일을 '신문의 날'로 제정한 것도 이 신문 창간에서 유래한 것이며, 이것은 오늘날까지 지켜지고 있다.

독립협회에서는 또 서대문 밖에 독립문을 세웠다. 예전에 청나라 사신을 맞이하던 영은문(迎恩門)을 헐고 그 자리에 독립문(獨立門)을 세움으로써, 한국이 자주 독립국임을 세계 만방에 알리고자 했다. 중국을 하늘처럼 받든다는 모화관(慕華館) 또한 독립관(獨立館)으로 고쳐졌다. 새로 세워진 독립문은 그 동안의 나라가 겪은 수치를 씻고 새로 독립하려는 자주 정신의 표상이기도 했다.

그러나 정부에 대한 협회의 비판의 소리가 높아지고, 민주 국가 건설을 위하여 일반 국민들을 정치에 참여시켜 차츰 규모가 큰 대중 집회를 열어 민권 운동을 펴 나가게 되자, 정부에서는 탄압을 가하기 시작했다.

신채호가 독립협회에 가입한 것은 바로 이러한 무렵인 1898년 늦가을이었다. 이 때는 또한 만민공동회(萬民共同會)가 열려 온 서울이 법석을 떨던 그 절정기에 해당된다. 만민공동회란 국민 대회를 말함인데, 대회가 있는 날이면 종로 네거리에 독립협회 회원과 학생, 시민 등 수만 명이 운집하여 외세의 침략 정책을 규탄하고 자주 독립을 절규하였다.

"정부를 개혁해야 합니다."

"새로운 인물로 개화 내각을 수립해야 합니다."

"옳소!"

구름같이 몰려든 군중들은 종로 바닥이 떠나가라 박수를 치며 환호하였다.

"의회를 만들어 국민 여러분들의 뜻을 직접 국정에 반영해야 합니다."

연사의 말이 떨어지기가 무섭게 다시 "옳소!" 하는 아우성이 진동하였다.

독립협회가 주최하는 대중 집회는 회를 거듭할수록 시민들의 뜨거운 지지를 받게 되었고, 연사들은 열변을 토하여 혁신적인 생각을 그들에게 불어넣었다.

단재는 협회에 가입하자마자 내무부의 소장파 임원이 되어 또다시 그 불 같은 기질을 발휘하였다.

당시 독립협회에는 서광범(徐光範), 박영효(朴泳孝), 서재필, 박정양(朴定陽), 민영환(閔泳煥), 윤치호 등이 회장급 임원으로 일하고 있었고, 총무부와 재무부, 선전부, 지방부, 내무부, 간사부, 조사부, 섭외부, 문교부 등의 부서가 있었다. 19세밖에 안 된 신채호는 내무부의 문서부 소속으로, 이상재, 신흥우(申興雨), 김규식(金奎植) 등과 보조를 함께 하며 일하였다.

만민공동회 궐기 때 첫 투옥

독립협회에 발을 들여놓으면서 단재는 투철한 민족 정신을 지닌 많은 지도층 및 청년 지사들과 교류하며 자신의 의식 기반을 확고히 할 수 있었다. 이때 만난 동지들 중에는 훗날 이 나라가 일본에 병탄되었을 때 독립 항쟁에 앞장선 애국 투사들이 많았다. 이동녕(李東寧), 이승만(李承晩), 이승훈(李昇薰), 안창호(安昌浩), 전덕기(全德基), 노백린(盧伯麟) 등 뜻있는 청년들과 폭넓은 교류를 할 수 있게 된 것은 성균관에서의 공부보다 몇

배 더 가치 있는 일이었다.

만민공동회가 열릴 때면 상점들은 거의 모두 문을 닫았고, 학교는 텅 비다시피했다. 너도나도 종로로 모여들었기 때문이다. 일반 시민과 학생, 그리고 지식층 대다수가 자발적으로 참여하여 무능하고 낡은 정부에 화살을 겨누었다. 그들은 한결같이 정치 쇄신을 요구하였다.

뜻밖에 많은 시민들이 이에 호응하여 시위가 격렬해지자 정부에서는 회유책을 발표하였다. 그들의 건의문 6개조를 받아들여 어느 정도 정치를 쇄신하겠다고 약속하고, 독립협회 회원 중 윤치호 등 몇몇에게 관직을 하사하는 등 호의를 보이기에 이르렀다.

그러나 정부와 수구파는 점차 자신들의 자리에 불안을 느끼기 시작했다. 갈수록 불어나는 민중의 힘이 더욱 비대해질 경우, 자신들의 위치가 흔들릴 것은 뻔한 일이었기 때문이다.

다시 태도를 바꾸어 회유에서 탄압책으로 돌아선 정부는 전국을 돌아다니는 거친 보부상패를 끌어들여서 황국협회(皇國協會)라는 단체를 만들어 독립협회의 일을 사사 건건 방해하게 했다. 수천 명에 달하는 그들 보부상패들은 민중 대회 장소에 나타나 폭력을 휘두르며 방해를 놓아, 커다란 패싸움이 벌어지고 거리에는 유혈이 낭자했다.

이렇게 숨막히는 분위기가 서울 시내에 고조되고 있을 무렵, 독립문과 다른 여러 곳에 누가 붙였는지 모를 통문(通文)이 나붙었다.

"이씨 왕조는 쇠망해 가므로 윤치호를 대통령으로 삼아야 한다."

이것은 어디까지나 누군가의 모략이 분명했다. 그러나 국왕은 이에 격분하여 독립협회 간부들을 모두 잡아들이라고 명령을 내렸다. 그 해 11월 4일 10여 명의 협회 간부가 구속되었다.

이렇게 되자 만민공동회 활동은 더욱 맹렬해져서 아침 저녁으로 집회를 열고 정부를 성토했다. 갓 스물을 바라보는 신채호의 젊은 피는 들끓었다. 그는 수천의 시위 군중과 함께 경무청과 재판소 앞에서 연좌 시위를 벌였다.

"독립협회 중심 인물을 석방하라!"

"조정은 협회에 대한 부당한 탄압을 중단하라!"

군중의 기세가 자못 험악해지자 보부상패가 나타나 무차별 폭력을 가하여, 시위장은 마치 전쟁터를 방불케 했다.

이날 입술에 피가 터지고 온몸에 멍이 들어서 돌아온 신채호는 격분하여 도저히 잠을 이룰 수 없었다.

'독립협회의 건의를 받아들여 국정 개혁을 하겠다고 약속했던 조정에서, 이제 와서는 폭력까지 동원하여 협회를 해산시키려 들다니……. 한 나라의 국왕으로서 거짓말과 배신적인 행동을 아무렇지 않게 행하고 있다면 참으로 존경받지 못할 일이다.'

단재는 잠시 생각에 빠졌다. 허위 벽보를 붙여 사건의 불씨를 만든 장본인이 어렴풋이 짐작되었다. 다시 그들에 대한 분노가 치솟았다.

'정부가 친일 노예 유기환(俞箕煥)과 친로 노비 조병식(趙秉式)의 모략에 넘어가고 말았으니, 이제 러시아와 일본이 이 사건에 개입하려 들 것은 분명한 사실이다. 저주받을 왜놈들! 흉악 무도한 러시아 놈들! 이 나라의 이권을 빼먹지 못해 눈에 불을 켜고 달려드는 놈들! 나라 사이의 윤리란 저만치로 내던져 버린 뻔뻔스러운 제국주의자들!'

아무리 거친 욕을 내뱉어도 좀처럼 화가 가시질 않았다.

그리고는 얼마 안 있어 정부는 기습적으로 대대적인 검거 선풍을 일으켰다. 4백여 명이 넘는 만민공동회 관련 주동자들이 연행되었다. 이승만, 이승훈, 안창호, 박은식(朴殷植), 이동휘(李東輝), 이갑(李甲), 안병찬(安秉瓚) 등이 연달아 체포되는데 단재라고 무사할 리가 없었다.

단재로서는 첫 감옥 체험이었다. 검거된 이들 협회 관련자들에게는 혹독한 고문이 뒤따랐다. 잔혹할 정도로 고문을 가해 옥중에서 죽어 나온 사람도 적지 않았다. 재판에 회부되어 사형과 무기 징역의 중형을 받은 경우도 많았다.

단재의 경우는 입회한 지 불과 두어 달밖에 안 된데다가, 신기선 대감이 뒤에서 힘을 써준 덕택에 훈방 정도로 그칠 수 있었다.

그러나 그는 한때나마 감방 맛을 보며 선배나 동료들과 더욱 뜨거운 동지애를 나눌 수 있었다. 또 차가운 유치장의 공기를 가르며 고문당하는 동지의 처절한 비명 소리가 들려 올 때면, 그의 가슴에서는 개혁에의 의지가 차돌같이 더욱 굳어져만 갔다.

한국적 한국인의 길로

정부의 물리적인 탄압으로 독립협회는 마침내 해산되고 말았다. 이 일은 꿈 많은 청년 신채호의 가슴에 크나큰 상처를 남겨 놓았다. 오랜 세월 삭혀 온 개화에의 뜨거운 의지를 비로소 바깥으로 분출할 수 있는 기회였건만, 이제는 다시 마음속으로만 그 뜨거운 불꽃을 다스리는 수밖에 없었다.

그는 이번 사건을 겪으면서 부쩍 꿈이 부푼 듯한 느낌을 받았다. 그 동안 자기 개인의 학문적인 성취에만 급급하여, 무지 몽매하다는 이유 때문에 대대로 굶주림을 이어받는 민중들에게 눈을 돌리지 못했던 점을 깊이 반성해 보는 계기가 되었다. 그들도 뭉치면 엄청난 힘을 발휘할 수 있음을 민중 집회를 통해 생생하게 체득할 수 있었다.

'이 나라가 자주 독립 국가가 되고, 민족적 자부심을 잃지 않는 가운데 개화 발전할 수 있는 길은 바로 저들 민중들 손에 달려 있다. 부패할 대로 부패한 정부나 나약한 왕실에서는 이제 아무것도 할 수 있는 일이 없다.'

신채호는 위태로운 국가를 다시 살리기 위해서는 교육 받은 백성들이 더욱 많아져야 한다고 생각했다. 그는 독립협회 사건의 교훈을 잊지 않고 교육 계몽 운동과 또 한 가지 언론 애국 운동을 통하여 쓰러져 가는 나라를 붙잡으리라 새롭게 다짐해 보기도 했다.

구금에서 풀려난 후 그는 우선 성균관 공부에 계속 몰두하였다. 적극적인 행동의 길이 막힌 상황에서 새롭게 불태울 의지를 키워야 한다고 다짐했다.

일찍이 향리의 서숙 시절부터 역사책에 흥미를 느꼈던 그는 성균관에서 풍부한 자료들을 접하게 됨에 따라 역사에 대해 더욱 크게 눈을 뜨게 되었다. 이 곳에는 한국에 관한 것뿐 아니라 세계사에 관한 새로운 책들도 많이 구비되어 있었다.

이러한 많은 책들을 소화하는 동안 그에게는 서서히 그 자신만의 독자적인 역사관이 세워지고 있었다. 즉 역사를 보는 눈이 달라져 갔다. 지난 사실들에 대한 그 나름대로의 판단이 명확해지고 있었다.

이것은 매우 중요한 일이었다. 역사란 이미 지나가 버린 일들이므로, 이것을 전하는 그 다음 세대가 당시의 자기 상황에 유리하도록 얼마든지 왜곡 변형시킬 수도 있었다. 그것은 그 다음 세대로 전해지면서 또다시 뒤틀리고, 또 다음 세대로 편리하게 옮겨진다.

현재는 물론 과거라는 기초 위에 세워진다. 그러므로 우리가 올바른 역사를 알아야 함은 바로 그것을 통해 현재를 똑바로 진단해 낼 수 있고, 바람직한 내일을 예비할 수 있기 때문이다. 현실을 바로 아는 자세에서만 발전이 가능함은 두말 할 필요도 없다.

단재가 역사 연구에 눈을 돌리게 된 또 한 가지 이유가 있었다. 그는 국민들에게 문명 개화 사상을 일깨움과 아울러 애국과 독립에의 의지가 강렬하게 작용할 수 있도록 역사를 통해 민족 의식을 불어넣으려 했다. 한국은 단군 할아버지가 나라를 연 이래 중국의 속국이 아닌 자주 독립국가로서 유구한 역사와 전통을 가진 문화 국가였음을 국민들의 생각 속에 뿌리박게 하는 일이 중요했다. 사방에서 우리나라를 삼키려고 눈을 번득이고 있는 때에, 온 국민이 투철한 독립 정신으로 굳게 뭉치지 않고는 언제 나라를 내주어야 할지 몰랐다.

이러한 상념 속에 신채호는 더욱더 공부에 열중하였다. 도서관에 틀어박혀 있는 시간도 더 많아져, 은행나무 아래서 관생들이 대화를 나누는 자리에 그의 얼굴이 보이지 않는 적이 많았다. 그는 한국의 역사뿐 아니라 세계사에 관한 책도 모조리 읽었다. 그러는 가운데 자신도 역사의 일꾼으로서 이 민족을 위하여 무슨 일부터 어떻게 해 나가야 할 것인가 골똘히 생각해 보았다. 말하자면 한국적 한국인의 태동이었다.

산동 상재(三才), 문동학원 세워

마침내 신채호는 결단을 내렸다. 더 이상 책상머리에 앉아 책장만 뒤적이고 있을 수는 없었다.

'고향으로 내려가 이 놀라운 세계의 변모와 우리 역사를 가르쳐야 한다. 더 이상 망설일 시간이 없다. 국민 각자가 무지에서 벗어나는 것만이 이 나라의 병든 몸을 일으킬 수 있는 길이 아닌가.'

독립협회가 정부에 의해 강제로 해산된 후 여기에 가담했던 애국 계몽 인사들은 다시 새로운 방법을 모색했다. 그 중 가장 활발히 일어났던 운동은 바로 국민에게 세계정세와 신지식을 가르치는 신교육의 보급이었다. 당시 가장 박식하고 영향력이 큰 애국 계몽 사상가이자 역사가로 성균관 스승이기도 한 박은식 선생이 이 운동에 앞장섰다. 백암(白巖) 박은식 선생은 백방으로 뛰어다니며 사회 유지들에게 학교 설립을 호소하였고, 지식층 젊은이들에게는 교사로 자원할 것을 당부하였다.

평소 자신보다 스무 살 남짓 높은 연배인 백암 선생을 존경해 왔던 신채호는 신교육의 보급이 가장 시급한 과제임을 강조하는 선생의 주장에 동감하는 바가 컸다. 그래서 3년간 공부하던 성균관을 그만둘 결심을 하는 데도 그다지 큰 갈등을 겪지 않았다.

20세기가 동튼 1901년 가을, 이제 스물두 살이 된 단재는 꽤나 원숙해진 모습으로 고향 땅에 발을 디뎠다. 나라 안 최고의 교육 기관에서도 이름을 드날린 그는 새로이 배워 익힌 지식으로 우선 고향 마을부터 구제하려는 다짐과 함께 시골로 향했다. 급한 마음 탓으로 자꾸만 걸음이 빨라졌다.

그가 청원 낭성으로 귀향하자 많은 사람들이 그를 반겼다.

특히 그곳 인차리(仁次里)에 학원을 설립하려던 신규식(申圭植)은 이제나저제나 신채호가 내려오기만을 기다리고 있던 터라, 그와 당장 손잡고 일할 준비가 되어 있었다.

신채호보다 한 살 위인 신규식은 일찍이 서울에 유학하여 관립(官立) 한어학교(韓語學校)에서 3년간 공부하였고, 어려서부터 같은 또래로 친숙하게 지내온 관계여서 동지적 유대도 굳건하였다. 서울 생활을 통해 이들은 시대의 변천과 신문화의 필요성을 깊이 느꼈다.

여기에 또 한 사람 단재의 근친(近親)인 경부(畎夫) 신백우(申伯雨)도 합세했다. 그 전에 이들 세 사람은 기회 있을 때마다 모여 나라 걱정으로 밤을 새운 적이 많았다.

"우리 스스로의 힘으로 일어서는 게 문제요. 민족 정신을 어떻게 회복하느냐 하는 것이 우리의 당면 과제가 아니겠소? 지금 전국적으로 요원의 불길처럼 일고 있는 교육계몽 운동에 우리도 뛰어들어 보는 게 어떻겠소?"

단재의 의견에 신규식과 신백우 모두 적극 찬성이었다.

이미 이들도 각자 같은 계획을 구상하고·있었기 때문이다.

"우선 내가 계획해 둔 바가 있으니 산동(山東) 지역에 신교육을 가르치기 위한 학교를 세우겠소. 그러고 나서 단재와 경부는 각자 공부하고 있는 게 정리되면 이 학교에서 함께 교편을 잡는 거요. 어떻소?"

이들 세 사람 중 가장 연장자인 신규식이 이미 학교를 열 준비에 착수했다는 말에 다른 두 친구도 기뻐했다.

"그리고 문화 운동의 첫 단계인 교육 계몽을 산동에서 일으키게 되는 마당이라 문동학원(文東學院)으로 이름지을까 하오."

이 제안에도 모두 찬성이었다.

자립 정신과 민족 의식을 마을 사람들에게 고취시켜 나가자는 데 세 사람의 뜻이 합치했으므로, 곧 예관 신규식의 고향 마을 인차리에 문동학원이 세워졌다. 그리고 성균관에서의 수학 과정을 거쳐 귀향한 단재와 인근 묵정 마을에서 달려온 신백우까지 합류하여, 개화 자주의 새로운 세력을 키워 나가는 젊은 선각 청년들의 애국 계몽 활동의 성과는 날로 달라져 갔다.

신규식, 신채호, 신백우 세 사람은 일찍부터 장래가 촉망되고 학문이 뛰어난 수재로 널리 알려져 있었다. 세 사람 모두 같은 고령 신씨에다 산동이 낳은 문재(文才)로, 그 명성이 이곳 청주 지역뿐 아니라 멀리 서울에까지도 알려져 있었다. 이들의 동지적 관계는 고향에서의 신교육 운동에 그치지 않고, 훗날 신민회(新民會) 등의 국권 수호활동과 중국으로 망명하여 독립 전선에서 활약하면서까지 계속 이어진다.

성균관 시위 주도

이처럼 향리로 돌아오자마자 교육 계몽 활동으로 분망한 나날을 보냈기 때문에 신채호는 여전히 가정에는 신경을 쓸 수 없었다. 할아버지는 그가 서울에 가 있는 사이 70여 세를 일기로 세상을 떠났고, 어머니와 부인, 그리고 조카 향란이만 이 쓸쓸하게 고향 집을 지키고 있었다. 그러나 그에게는 늘 가족보다도 더 큰 것들이 뇌리에 차지하고 있었기 때문에 그들에게 소홀할 수밖에 없었다.

어떻게 하면 우리 가족이 기름진 밥을 먹고 따뜻하게 잘 수 있는가 하는 생각은 이미 그의 머리에서 떠난 지 오래였고, 오로지 이 민족의 미래에 대한 우려만으로 머리가 뜨거울 지경이었다.

집안의 웃대 어른들이 남인계(南人系) 학자였던 관계로 제대로 관계에 진출하지 못하고 그늘에 묻혀 있어야 했기 때문에 거의 몰락하다시피 한 신씨 가문이었다. 그래서 집안 친지들은 신채호에게 큰 기대를 걸고, 은근히 그가 집안을 다시 일으켜 주기를 바랐다.

그러나 집안 어른들이 이러한 뜻을 이야기하면 신채호는 별로 탐탁치 않다는 듯이,

"예, 잘 알고 있습니다. 그렇지만 제가 걸어 나갈 방향은 이

미 정해져 있습니다. 비록 제가 하려는 일이 원하시는 방향과 다르더라도 크게 염려하지 마십시오. 제 자신의 판단으로는 그게 훨씬 옳은 길이기 때문입니다."

하며 스스로 정한 일에서 한치도 물러서지 않을 듯이 단호한 자세를 보여, 어른들도 더 이상 그에게 강요할 수가 없었다. 그는 이미 '큰 나'를 위해서 살기로 마음을 굳힌 터였다.

그러므로 나라에 대한 걱정이 한시도 그를 떠날 날이 없었다. 향리에 머무르는 동안에도 그는 중앙 정계의 움직임에 날카로운 관심을 쏟고 있었다. 그런데 중앙에는 일본에 매수된 친일파 무리들이 갈수록 판을 치고 있음을 알게 되었다. 그들은 자기들의 이익을 위해서는 나라마저 팔아먹은 자들이었다.

향리에 내려온 지 2,3년쯤 된 어느 날, 그는 참다 못하여 급거 상경, 모교인 성균관으로 달려갔다.

후배 조소앙(趙素昻)이 반갑게 맞이했다.

"무슨 일로 이리 서둘러 올라오셨소? 향리의 문동학원이 잘 되고 있다는 소식은 익히 전해 듣고 있는데요."

"내가 시골 내려가서 하는 일쯤이 뭐가 대수인가. 보자보자 하니까 친일 무리들이 들끓어 나라를 곧 팔아먹을 기세 같은데 우리가 이대로 있어서야 되겠는가?"

"우리 성균관 유생들이 궐기하자는 말씀인가요?"

"그들을 규탄하는 성토문을 내어 그들이 나라를 팔아먹으려 하고 있다는 사실을 폭로해야지."

이 의견에 성균관 유생들도 모두 찬성이었다. 저마다 친일 매국자에 대한 분노를 하나씩 터뜨렸다.

이윽고 단재는 이 모두를 경청한 후, 일본 고위층에 매수되어 황무지 개간권을 그들에게 내준 이하영(李夏榮) 무리를 규탄하는 성토문을 써 나갔다. 그리고 완성된 성토문에 유생들이 돌려 가면서 서명을 하여, 이것은 곧 성균관의 전체 의견이 될 수 있었다.

"소앙, 어서 이것을 전달하시오. 우리 성균관의 총의(總意)가 이렇다는 것을 널리 알리고, 그래도 그들이 반성하는 빛이 없으면 밖으로 나가는 거요. 시위를 벌이든가 다른 강경한 대책을 세웁시다."

그는 소앙에 뒷일을 맡기고 서둘러 성균관을 나왔다.

물론 성토문이나 상소 정도로 해결될 일은 아니었다. 유생들이 일제히 쏟아져 나가 집단 시위를 벌인다 해도 권력과 재물을 채우기에 급급한 그들이 쉽게 물러날 리 없었다. 다만 이 사회에서 가장 높은 지식을 갖춘 학자와 젊은 학도들의 집단적인 의사 표시라는 사실이 중요했다. 나라가 위태로운 마당에 강 건너 불 구경하듯 보고만 있지 않는 사람이 많다는 사실을 정치를 하는 사람들에게 알려 경각심을 불러일으켜야 했다. 성균관 유생들의 집단 의지의 표명만으로도 개혁의 바람은 분명히 일어나게 될 터였다.

단재의 주도로 작성된 성토문은 당국에 전달되었고, 뒤이어 진사 식당의 성균관 학생들은 기한부 동맹 휴학에 들어갔다. 그들은 단재가 시골서부터 뛰어 올라오도록 아무런 행동도 하지 못하고 있던 자신들이 부끄러웠다. 몰락을 향해 치닫는 이 사회의 현실을 빤히 보고 있으면서도 정작 아무 행동도 할 수 없었던 나약한 양심들이었다.

그러나 이제 그들도 힘없는 지식인의 자리를 박차고 나오게 되었다. 역사의 한가운데 뛰어들겠다는 의기가 충천했다.

애국 계몽 운동의 일선에

성균관 유생들을 부추겨서 항일 성토문을 쓴 뒤 다시 고향으로 돌아온 신채호는 교육 계몽 활동에 더욱 정열을 쏟았다. 그 즈음에 예관(睨觀) 신규식도 다시 서울에 중동학교(中東學校)를 세우고 또 청동학교(淸東學校)까지 세워, 모두 삼동(三東)의 학원을 이끌어 나가느라 여간 바쁜 처지가 아니었다.

단재는 문동학원이 성황을 이루자 예관, 경부 두 사람과 의 논하여 관정리 신충식(申忠植)의 집으로 공부방을 넓혀 옮겼다. 그리고 산동학당(山東學堂)으로 간판을 새로 걸었다. 여기서도 산동 삼재는 힘을 합쳐 계속 교육 사업에 몰두하였다.

그들은 비단 학당에 나오는 학생들뿐 아니라 일반 주민들의 교화에도 힘썼다. 신채호는 주민들을 모아 놓고 지금 나라가 어떤 형편에 있으며, 세계가 어떻게 돌아가는가 하는 큰 문제들에 대해서 알기 쉽도록 설명해 주곤 했다.

"지금 우리나라가 큰 위기에 처해 있다는 것은 여러분들도 분명히 느끼고 있으리라고 봅니다. 비대해진 제국주의 세력이 침투해 오고 있습니다. 민족 의지가 약한 곳, 즉 민족주의가 없는 곳에는 제국주의의 침략이 매우 쉬워집니다. 하나도 민족, 둘도 민족입니다. 모두가 눈을 부릅뜨고 저 일본 제국주의 도둑들로부터 이 나라를 지켜야 합니다. 우리 모두 민족주의로 무장하여 우리 스스로의 힘을 만들어야 해요. 힘이 없으면 강대국의 침략을 막아 낼 수 없으며, 그렇게 될 경우 우리 겨레는 모두 노예 상태로 전락하고 맙니다."

이 무렵 이 나라를 무력으로 식민지화하려는 일제의 기도는 날이 갈수록 노골적으로 드러나고 있었다. 이와 더불어 다른 열강들도 한반도에서의 이권을 하나라도 더 획득하기 위해 숨가쁜 각축을 벌이고 있었다.

일본은 1904년 제1차 한·일 협약의 음모를 꾸며 우리나라의 재정과 외교에 관한 일체의 권리를 빼앗아 갔다. 그리고 그 이듬해에는 일본인을 각부 고문으로 앉혀, 이른바 고문 정치(顧問政治)를 시행하기에 이르렀다. 또 일제는 정부측 외에 민간에도 손을 뻗쳤다. 한국을 완전히 합병하려는 심산이었다. 친일 인물인 이용구(李容九)와 송병준 등을 교사하여 친일 단체인 일진회(一進會)를 발족시켰다.

또 1905년에 들어서면서부터는 서울과 그 인근의 치안경찰권을 일본 헌병대가 장악했고, 일본 화폐가 이 땅에서도 사용될 수 있도록 조례를 마련했다. 또 강제로 통신권을 장악했으며, 한국군의 수를 줄여 나갔다. 이것이 침략을 위한 작업이라는 것은 삼척 동자도 알 수 있었다.

나라 안의 뜻있는 애국 인사들은 어떻게든 나라가 일제에 넘어가는 것을 막아 보고자 할 수 있는 온갖 방법을 동원하였다. 그 동안 일본 배척에 앞장서 온 면암(勉菴) 최익현(崔益鉉) 선생은 앞서 친일파를 규탄하는 상소를 올린데 이어, 일본 침략의 위험을 호소하다가 일본 헌병대에 체포되어 곤욕을 치렀다. 병약한데다가 70세가 넘은 노구였건만, 나라를 구하겠다는 일념으로 헌병대의 모진 고문조차 감내한 의기 있는 선비였다.

면암 선생은 이렇게 애타는 노력에도 불구하고 을사조약(乙巳條約)이 체결되자, 이번에는 의병을 일으켜 끝까지 일본에 대항했다. 을사조약 이듬해인 1906년, 선생은 의병 활동을 하던 제자들과 함께 체포되어 일본 쓰시마 섬으로 유배되었다. 거기에서 선생은 제자들의 권고도 아랑곳없이 "내 늙은 몸으로 어이 원수의 밥을 먹고 구차한 삶을 더 연장하겠느냐. 너희나 살아 돌아가 나라를 구하거라" 하며, 일체 음식을 입에 대지 않다가 끝내 세상을 떠났다. 선생의 시신이 본국으로 돌아올 때는 수많은 동포들이 부산 포구에 나와 통곡으로 선생을 맞았다. 1907년에 접어든 때였다.

고향에서 민중 계몽 운동에 전념하던 1904, 5년 무렵에는 신채호의 강연 내용에도 더욱 격렬한 항일 의지가 담겨졌다. 애써 침착을 유지하려고 하지만 그 자신의 마음도 초조해지는 것은 어쩔 수가 없었다. 그가 가르치는 일에 대한 성과에 대해서도 마찬가지였다. 좀더 효과적인 교수방법을 연구하게 되었다.

이미 문동학원 강사 시절부터 한문보다는 한글을 배우는 게 훨씬 통달하기 쉽고, 그렇게 함으로써 국권을 지키고 새로운 대한을 이끌어 나가는 힘을 얻을 수 있다고 강조해 온 그는 산동학당에서 마침내 한문 폐지에 가까운 주장을 펴 일대

파문을 일으켰다.

"물론 한문이 필요없다는 뜻은 아닙니다. 다만 젊어서부터 한문에만 매달리다 보면 다른 새로운 학문을 받아들이는 데 늦어지게 됩니다. 그러니 깊은 학문에 전념하는 사람 이외에는 한글부터 배워 뜻을 세워 나갑시다. 한 달만 열심히 하면 한글은 다 깨칠 수 있고, 우리가 민족 운동을 하는 데 힘이 될 수 있습니다. 나는 오늘부터 한문 가르치기를 중단하고 여러분들에게 한글 교육부터 실시하렵니다."

이 말을 전해 들은 시골 선비들은 적이 놀라움을 금치 못했다. 수백 년 내려온 학문의 전통을 거부한, 이제 20대 나이인 신채호의 처사는 실로 당돌한 것이 아닐 수 없었다. 그렇지만 그가 성균관에서도 인정받은 뛰어난 한문실력을 지녔고 보면, 정작 분노한 선비들도 그에게 무어라 반론을 펴기 어려운 일이었다. 그저 한숨들이나 쉬며 지켜볼 따름이었다.

단재는 한문 무용론자(漢文無用論者)로서 한글만 가르쳐 나갔다. 경전이나 역사책도 모두 한글로 풀이해서 가르칠 정도였다. 이처럼 생각은 앞서 가지만 그의 법도는 여전히 선비의 모범이어서 더욱 꼬투리를 잡힐 일이 없었다.

생각은 쉬워도 실천은 쉽지 않은 법인데, 그가 한글 전용을 외치며 아직도 천대받는 국문을 교육해 나가는 과단성을 보인 것은 단재다운 개혁자의 한 모습이었다. 그 동안 《독립신문》의 영향으로 국문 사용의 논의가 일었지만, 정작 뿌리 깊은 교육 방법을 뜯어 고칠 엄두들을 못 내고 있던 터에, 그의 결단은 매우 선각적인 행동이 아닐 수 없었다.

성균관 박사도 뿌리치고

산동에 머물던 어느 날, 신채호는 오랜만에 한가롭게 머리도 식힐 겸 산책길에 나섰다. 푸른 보리가 싱싱하게 익어 가는 밭길을 지날 무렵, 어디선가로부터 종달새 한 마리가 하늘 높이 솟아 올랐다. 종달새의 자취를 좇아 짙푸른 하늘을 응시하던 그는 문득 현기증을 느꼈다. 하늘로 치솟은 종달새의 높은 희망과 자신이 당하고 있는 현실의 암울함이 너무 큰 대조를 이루는 데서 오는 것인 듯했다.

그의 발걸음은 어느덧 이웃 가래울 마을에 이르렀다. 그런데 마을 어귀에 들어서자마자 온 동네가 떡방아 소리로 어수선했다. 떡을 먹어 본 것도 참으로 오래 된 기억이라, 이 가난한 마을에서 떡방아 소리가 요란한 일이 이상하지 않을 수 없었다.

"이 동네에 무슨 큰 잔치라도 있는 거요?"

"아닙니다."

"그럼 저 떡방아 소리는 웬 겁니까?"

"예, 그것은 이 동네 어느 한 사람이 떡 장사를 해서 돈을 좀 벌고 있기 때문이죠. 모두가 떡 장사를 나가겠다고 저 야단들이지 뭡니까."

"저 동편 집 주막이 비어 있는 것도 그 이유인 게로군."

"예, 노파가 술 장사가 안 되자 떡을 만들어 이고 나갔으니까요. 그래서 지금 이 동네에는 술 한잔 마실 주막도 없는 형편이랍니다."

단재의 심정은 매우 씁쓸했다. 한번 누가 무엇을 해서 성공했다면 모두 따라가기 바쁘다. 이런 사람들에게서는 자기 주관이라는 것은 찾아보기 힘들다. 노예 사회의 나쁜 근성이다. 나아갈 때는 너 나 할 것 없이 와아 하고 몰려 나갔다가, 쉽게 우르르 무너져 버린다.

단재는 이 나라 국민들의 의식이 나약함을 통탄하며 마음의 눈물을 쏟았다. 주장은 없고 복종만 있다. 갑의 판이 되면 갑에게 모두 복종하고, 을의 판이 되면 또 저마다 을에게 복종하여 연신 머리를 조아린다.

'이러고도 어찌 사회가 보존되며, 나라가 명맥을 이어갈 것인가!'

그는 매우 침통한 심사를 달래며 돌아왔다.

한편 단재는 성균관을 나올 무렵까지 학생들을 가르치는 틈틈이 학덕을 더욱 연마하여, 1905년 2월 하순 합시(合試)에 입격, 성균관 박사가 되었다. 그의 학문적 천재성을 감안하면 늦은 감도 없지 않으나, 그는 그런 데 결코 조급하지 않았다.

당시 각 지역별로 대표적인 학자에게 내린 성균관 박사는 일종의 무마책에 불과했다. 단재는 불과 며칠 만에 박사라는 그 거추장스러운 영예를 아낌없이 내던져 버리는 영단을 내렸다.

당시 성균관으로서는 우수한 졸업생에게 명예직으로 박사라는 자리를 주었지만, 그것은 어디까지나 친일로 기울어 가는 정부의 체제 유지나 돕고 그들을 옹호해야 하는 위치였기 때문에 단재로서는 도무지 내키지가 않았다. 그는 박사이기를 스스로 포기하는 용단을 내려 헛된 명예를 버리고 뜨겁게 애국하는 길로 치닫게 된다.

《황성신문》에 몸담아

박사가 되어 성균관에 남아 있으면 살아 나갈 길이 열린다. 모교에서 청년들을 교육하며 지내라는 권유도 없지 않았지만,

단재는 성균관 박사와 함께 이것마저 뿌리쳤다.

이때 성균관을 떠나 고향으로 돌아온 신채호는, 귀향에 앞서 항일 시위를 같이 주도했던 조소앙과 함께 20세기가 배출한 한국 대표 사상가의 자리에 오르게 된다. 그들은 전통 사상의 탈을 벗고 새로운 사상의 집을 세웠다. 단재가 역사가로서, 언론인으로서, 또 문필인으로서 사상가의 자리에 오르는 것과 대조적으로, 소앙은 단재보다 여덟 살 아래이나 동서 문화 전반에 통달하여 상해 임시정부 시절 성균관 선배인 단재와 함께 활동할 수 있게 되었고, 그 얼마 뒤 손문(孫文)의 삼민주의(三民主義)에 필적할 만한 삼균주의(三均主義)를 제창해 임시정부와 한독당에 사상의 뿌리를 내려 외교통 정치 사상가로 이름을 얻게 된다.

이처럼 당당한 청년들이 모교에 남아 교편이나 잡기에는 당시 정치 사회가 너무나도 세찬 바람에 휩쓸려 있었다.

신채호는 청주 근처 낭성의 고향에 내려가야 했고, 조소앙은 성균관 과정을 거친 뒤 신학문 과정의 큰 배움을 계속해야 했다.

단재가 고향에 돌아가 큰 뜻을 다지고 나라를 구할 본격적인 길을 찾으며 계몽 운동을 계속하고 있던 스물여섯 살 난 해 여름철이었다.

청원 귀래리의 그의 집에 장년의 길손이 서울로부터 당도했다. 단재는 문 앞에서 들려오는 목소리만으로도 그가 누구인가 알 만했다. 《황성신문》을 이끌며 날카로운 논설로 일본의 침략 행위를 가차없이 비판해 온 위암(韋菴) 장지연(張志淵) 선생이었다. 단재는 독립협회 시절부터 언론인인 그와 아는 사이였다.

"아니! 선생께서 예까지 웬일이십니까?"

"이곳 산동 고을에 사돈댁이 있어서 다니러 온 길이라네."

그러고 보니 일전에 단재가 위암 선생에게 처음 소개될 때 장 선생의 자부인가 손부인가가 자기와 같은 고령 신씨라 해서 반가워한 적이 있었다.

"그런데 단재, 듣자 하니 일전에 성균관 박사에 임명받고도 이를 팽개쳤다면서?"

"아무래도 다른 중요한 일들에 방해가 될 것 같아서요."

얼마 뒤 몇 가지 산나물과 풋고추, 시원한 열무김치로 약소한 대로나마 정갈한 주안상이 올려졌다. 그리고 집에서 빚은 걸쭉한 곡주 맛이 또 일품이어서, 둘은 권커니 받거니 기분좋게 취해 갔다. 이들 사이에는 자연 시국담이 오고 갔고, 차츰 대화는 불꽃을 튀기기 시작했다.

"선생님, 나라가 이 꼴이 되어 버리도록 우린 무얼 했는지 모르겠어요. 더 이상 보고만 있을 수 없지 않습니까? 이대로 가다가는 이 나라가 아주 넘어가는 건 시간 문제입니다."

"그렇다네! 우린 목숨을 걸고라도 이 나라를 지켜야 해. 내가 오늘 자네를 찾은 것은 간곡히 부탁하고자 하는 게 있어설세. 이 향리 일대에서 단재가 하고 있는 교육 계몽 사업의 성과가 큰 줄은 나도 알고 있네. 그렇지만 언제까지 고향만 지키고 있으려나? 지금 온 나라가 단재와 같은 영민하고 의기 있는 사람이 나오기를 기다리고 있는데."

"위암 선생님, 그렇지만 제게 무슨 능력이 있어야지요. 조갑지로 강물을 퍼내는 정도밖에 안 될 텐데요."

"그렇진 않네. 단재가 할 수 있는 매우 큰 일이 있네. 이 길로 서울에 올라가 나와 손잡고 《황성신문》을 같이하세. 얼마 전 성균관에서 나온 성토문을 보고 우린 크게 기뻐했더랬지. 신공(申公)의 문장은 정말 힘이 넘치고 의기가 솟아나더군. 신문의 힘이란 실로 엄청난 거라네. 순식간에 한반도 구석구석까지 우리의 뜻을 전달할 수 있지 않겠나? 자, 단재, 이제 중앙 무대에 나서서 민족의 자주역량을 육성하자구!"

위암과 단재 모두 술기운이 올라 다소 흥분하고 있었다. 단재로서도 흥분되지 않을 수 없는 것이, 그 자신도 그 동안 언론을 통해 애국 운동을 전개하게 되기를 마음 속으로 몹시도 희망해 왔었기 때문이다.

"그렇지만 선생님, 조금 더 시간을 주십시오. 이 마을의 예관과 경부와 함께 의논해서 이곳 학교 일을 시작했는데, 중도에 저 혼자 빠져서야 되겠습니까? 그리고 무엇보다 제 소양이 신문 일에 적합한지 여부도 아직은 자신이 안 서고요. 좀 더 두고 결정하겠습니다. 먼저 상경하시지요."

"아니. 단재가 동행하도록 나는 이 곳을 뜨지 않으려고 벼르고 온 길이라네. 한시가 급한 시점인데 더 이상 망설일 게 무어 있나, 단재!"

모두가 숙취하도록 술잔이 여러 차례 오고 가고, 어느 새 밤도 매우 깊어 갔다.

며칠간 단재는 심사 숙고 끝에 위암 장지연 선생의 제의에 따르기로 결단을 내렸다. 그 사이 산동학원 관계자와 의견을 나누고 가족들과도 상의한 끝에 비로소 붓 한 자루를 거머쥐고 서울로 올라왔다. 《황성신문》의 논설 전담 기자, 곧 논설위원으로 언론을 통한 구국 운동의 최선봉에 서게 될 참이었다.

단재 신채호에게는 이제 언론인으로서의 새 하늘, 새 땅이 열리게 되었다. 젊은 단재로서는 비로소 그가 일평생 걸어갈 길에 첫발을 내디딘 셈이었다. 그가 펜을 잡고 이 나라의 부패를 비판하고 민족의 앞길을 개척하는 데 앞장서게 된 것은, 일생 일대의 사건이요 역사적인 대전기인 셈이었다. 위암 선생의 권유만이 아니라 어쩌면 나라와 겨레의 부름인지도 몰랐다.

민족의 심장 달군 언론 활동

신채호가 몸담게 된 《황성신문》은 남궁억(南宮檍)을 발행인으로 하고, 장지연, 유근(柳瑾), 나수연(羅壽淵) 등이 중심이 되어, 전부터 간행되고 있던 《대한황성신문》의 판권을 인수받아 1898년 9월 5일부터 새로 일간지로 출발한 민족지였다. 《황성신문》은 일반 독자들에게 널리 읽히기 위해 국한문 섞어 쓰기를 했으며, 국민들에게 자주 민권 사상과 독립 사상을 고취시키는 데 큰 역할을 하고 있었다. 《황성신문》의 비판적인 논조는 당시 사회의 독자들로부터 매우 큰 지지와 성원을 받기에 충분했다. 안팎으로 빼앗기고 억눌린 채 살아가던 그들에게 이 신문은 숨통을 터주는 한 줄기 시원한 바람이었다.

이보다는 좀 뒤늦게 신채호가 주필로 활약한, 국한문 · 국문 · 영문의 일간 신문 《대한매일신보(大韓每日新報)》가 영국인 배설(裴說, Bethell)과 양기탁(梁起鐸), 박은식 등을 중심으로 발

행되어, 《황성신문》과 함께 언론을 통한 항일 투쟁의 최선봉
이 되었다. 이들 언론 기관들은 독립협회 때부터 민족 자강
및 근대화 운동의 중심적 역할을 해오다가, 1900년대에 들어
서면서부터는 항일적인 애국 계몽 문화 운동을 추진하는 대
표적인 민족 세력의 핵심이 되었다.

　서울에 올라온 신채호는 곧장 종로 보신각 서편에 있는 황
성신문사 사옥으로 갔다. 장지연 선생과 신문사 직원들이 반
갑게 그를 맞이했다. 그리하여 월급 3, 40원을 받는 논설 기
자가 된 신채호는 가족들도 올라오게 하여 북악산 아래 삼청
동 구석에 셋방이나마 마련하였다. 향리에 있을 때는 어머니
와 부인이 밭을 일구어 근근히 살아왔는데, 이제 서울 생활은
그의 수입으로 유지해야 했다. 그도 오랜만에 가장으로서의
체면이 서는 것 같았다.

　《황성신문》에 입사한 단재는 날카로우면서도 내용 깊은 논
설을 써 나갔다. 《독립신문》이 서구 시민 사상의 영향을 받은
혁신적인 인사들에 의해 주도된 데 비해, 이 신문은 당시 유
학과 신학문을 골고루 섭취한 국내 개화파 애국 지사들에 의
해 국한문으로 발행되었다. 또 이 신문의 독자는 주로 중류
지식인층이었다.

　《황성신문》에 첫발을 내디딘 단재는 신진 언론인으로서 패

기 발랄할 뿐만 아니라, 주필이었던 위암도 미처 따라가지 못할 정도의 비상한 논설로써 신문사 안에서 크게 우러름을 받았다. 본래 논설을 쓰는 사람의 이름을 기명하지 않기 때문에 독자들 사이에 크게 알려질 일이 없는데도, 그는 그 특이한 강렬한 문체와 시원한 비판으로 장안이 비좁도록 화제를 모을 수 있었다. 스물여섯의 신채호의 필치는 그 누구도 따를 수 없는 독보적인 싱그러움으로 가득 차 있었다.

매일 신문이 독자들 손에 돌려질 시각이면, 이 겁없는 20대 논객의 글은 그날의 최고 화제거리가 되기 일쑤였다. 전체 국민들의 가슴 속에 맺힌 울분과 통한이 그의 논설에서 세찬 힘을 지닌 글들로 남김없이 분출되었다. 그의 붓끝은 전체 민중을 대변했고, 또한 민심을 좌우하였다. 그리고 그 신랄함 뒤에는 반드시 나라의 운명에 대한 새 희망이 사무쳐 있었다.

그의 필치는 선배 언론인들의 이상으로 날카롭고 감동적이었다. 누구보다도 젊기 때문만이 아니라 모든 분야에 실력을 갖추고 있었기 때문에, 논리 정연함 이상으로 호소력과 설득력이 샘솟았다. 덕분에 《황성신문》은 용이 날개를 얻은 듯 지면이 날로 활기에 넘쳤고, 판매 부수도 날로 늘어갔다.

이때의 단재를 두고, 후배 언론인이자 사학자인 민세(民世) 안재홍(安在鴻)은 훗날 그 감격을 잊지 못해 격찬해마지 않았다.

단재는 스무 살 나이에 이미 사상 혁명과 신도덕 수립에 뜻을 세운 바 있었고, 때는 마침 청·러시아·일본의 세 제국이 다투어 침략하던 시기를 만나 5천년 조국의 명맥이 날로 기울어 가고 국민의 우울함은 걷잡을 수 없던 즈음이었으므로, 서울의 평단에 나선 단재는 누를 수 없는 북받치는 정열을 항상 한 자루 붓에 맡기어 사회에 드러냄으로써 민족의 심장을 쳐 움직였다. 그가 필정(筆政)을 잡고 있던 《황성신문》과 《대한매일신보》는 아마 그의 청년 시대의 마음의 집으로 살고 있던 꺼지지 않는 꿈의 자취라고 하겠다.

을사 5조약의 비분 속에서

신채호가 《황성신문》을 떠나 《대한매일신보》로 옮겨 가게 되는 데는 이 나라의 운명을 좌우하게 되는 커다란 사건이 도사리고 있었다. 바로 1905년 11월 17일, 일제에 의해 강제로 체결된 을사조약이 그것이었다.

20세기에 들어서면서부터 한반도 안에서 세력을 차츰 확장해 가고 있던 일본 제국주의는 때마침 러일 전쟁에서 승리하여, 조그만 섬나라가 동부 유럽에서도 대제국인 러시아의 코를 납작하게 꺾고 의기 양양해 있었다. 그래서 이제는 거리낌

없이 한반도 병탄 작업에 착수하게 되었다.

한국을 요리하는 중책을 맡은 이토 히로부미(伊藤博文)가 1905년 11월 9일 특명 전권대사의 직함을 가지고 위세를 부리며 서울에 왔다. 그리고 이토의 한반도 강점 계획은 서울 한복판에서 일사 천리로 진행되었다.

소위 '보호'라는 명목으로 우선 이 나라의 외교권부터 박탈하려 들었다. 한국을 다른 나라들로부터 고립시킨 후, 저들 맘대로 요리해 볼 심산이었다.

이토는 이러한 내용의 '한일 신협약' 안을 제시하고 한국 정부에 이의 수락을 강요하기 시작했다. 헌병들로 대궐을 겹겹이 포위한 가운데 대신들을 위협하여, 각료 8대신 중 친일 대신까지 끼여 5대신이 찬성한 안건을 가결되었다고 선언한 다음, 17일 그날 밤으로 황제의 칙재(勅裁)를 강요하였다.

이렇게 하여 가슴 아픈 17일 밤 〈한일합병〉의 서장(序章)이 되는 을사 5조약이 맺어졌다. 조약의 내용은 한국의 외교 업무를 일본 외무성이 전부 장악 지배하고, 한반도 안에 일제의 통감부(統監府)를 설치한다는 것이었다. 외교권이 완전히 박탈되고, 일제가 파견하는 통감이 서울에 머물면서 형체만 남은 이 나라 정부를 지휘 감독하게 된 것은, 결국 이 나라 주권을 넘겨 준 것이나 다름없었다.

날이 밝아 11월 18일, 지난밤 칠흑 같은 어둠 속에서 이루어진 5조약의 내용이 천하에 공표되자 나라 안에는 아연 통분과 격정의 폭풍우가 휘몰아쳤다. 이미 그 며칠 전부터 서울 시내에 일본 헌병들이 깔리고, 특히 궁궐 주변의 경비가 너무도 삼엄하여 뭔가 심상치 않은 사태가 임박하고 있다는 예감도 없지 않았지만, 막상 발표된 5조약의 내용은 그야말로 청천 벽력이 아닐 수 없었다.

장안의 시민들은 철시하고 흐느꼈으며, 각 학교는 문을 닫은 채 선생과 제자가 부둥켜 안고 통곡하였다.

이튿날 《황성신문》은 침통한 분위기 속에서 앞질러 신문을 제작하였다.

참으로 기막힌 정세가 아닌가. 위암 장지연 선생과 논설기자들은 비장한 가운데 목놓아 울면서 사설을 써 나갔다. 제목은 〈시일야방성대곡(是日也放聲大哭)〉 곧 '오늘 크게 목놓아 운다'는 뜻이었다.

처음에 주필인 위암이 써 나가다가 너무도 북받치는 설움으로 독한 술에 젖어 더는 쓸 수 없게 되자, 단재를 비롯한 논설 기자들이 함께 이 글의 마무리를 지었다는 이야기가 나올 정도였다.

11월 20일자 《황성신문》의 사설 〈시일야방성대곡〉은 시종

격렬하고 충격적인 문구들로 이어졌다. 일본 제국주의 침략 세력의 무모한 폭거를 비난한 뒤, 5조약에 찬성한 대신들을 개 돼지만도 못한 매국노라고 통렬히 질책하고 나서는,

"우리 민족 2천만이 남의 노예가 되었으니, 동포여 살았는가 죽었는가. 4천년의 국민 정신이 하룻밤 사이에 졸연히 멸망하다니, 이대로 끊기고 말 것이냐. 통재(痛哉)라, 동포여!"

하며 결국 우리들 스스로의 각성을 촉구했다.

신문은 일제 당국의 검열을 피하기 위해 예정 시간보다 앞당겨 배달되었으며, 전국은 다시 한 번 비분 강개로 들끓게 되었다. 그러나 한 맺힌 지사와 만민의 눈물만으로는 나라를 살려 낼 길이 열리지 않는다. 이제 그 격노한 마음들을 하나로 합해 항일 투쟁 전선으로 나서야 한다. 우리 민족은 남의 노예가 되어 멸망의 구렁텅이로 빠져들 수만은 없었다. 각자의 목숨을 건 민족의 항쟁이 드디어 시작되었다.

《황성신문》에 몰아친 탄압의 회오리

신문이 배포되고 얼마 안 있어 황성신문사에 일본 헌병이 들이닥쳤다. 남아 있던 신문은 모조리 압수되고, 문제의 사설 집필자 위암을 비롯하여 10여 명의 관계자가 구속되었다. 헌

병들은 신문사를 온통 벌집 쑤시듯 뒤지며 난장판을 벌였다. 아무리 일본 헌병들이 미친 개처럼 날뛰어도 애국 지사들의 마음만은 압수해 갈 수 없었다.

체포된 신문 관계자들은 헌병대에서 혹독한 고초를 당했으나, 위암 선생이 끝까지 단독 거사임을 우기는 통에 오래지 않아 다른 사람들은 풀려날 수 있었다.

이 사설이 문제가 되어 《황성신문》은 무기 정간되었으며, 위암 선생은 모든 책임을 혼자 지고 64일 동안 옥살이를 하게 되었다. 그 뒤 1906년 2월 12일에야 신문은 겨우 속간되기는 했으나 재정난에 허덕이게 되었다.

그러나 《황성신문》에 몰아 닥친 이러한 시련은 오히려 강력한 투쟁의 계기가 되었다. 이에 대해 《대한매일신보》는 '황성의 의무'라고 하여 '의거(義擧)'로 높이 찬양하는 논조를 폈다. 비록 황성신문사는 일본 헌병들의 번득이는 총칼 아래 마침내 폐쇄당하긴 했지만 그 글의 힘은 맹렬하여, 우국 열사들이 자결하기까지 하며 나라를 일으킬 결의를 새롭게 했다. 민족의 재기를 일깨우는 벽보와 격문이 나붙는가 하면, 뜻있는 애국 지사들이 곳곳에서 민중을 모아 놓고 비분과 격려의 열변을 토하고 있었다. 일제의 총칼에 맞서 무력으로 투쟁하려는 의병들이 전국 도처에서 일어서기 시작했다.

바로 《황성신문》의 논설 〈시일야방성대곡〉은 국민들의 분노한 가슴에 불을 붙여 곳곳에서 구국 항쟁의 도화선이 되었다.

《황성신문》을 끝장낼 만한 그 뛰어난 의필(義筆)이 있었기에 겨레의 살 길은 빛을 더하여 나타났다. 소중한 체험이었다.

신문이 정간되자 신채호는 방에 틀어박혀 책이나 읽으며 울분을 달랠 수밖에 없었다. 이미 문제의 논설로 경찰에 불려가 며칠간 조사를 받고 나온 뒤여서 보이지 않는 감시의 눈초리도 따랐으므로 함부로 움직일 수도 없는 처지였다.

책을 읽어도 머리 속에 들어올 리 만무했다. 이렇게 답답하고 무료하던 어느 날, 《대한매일신보》의 총무 양기탁이 그를 찾아왔다. 언론계 선배인 양기탁은 단재보다 아홉 살 위였다. 그는 진작부터 단재와 함께 일해 보고 싶은 심경을 가슴 깊숙이 숨겨 왔었다.

"단재, 이제는 우리 신문으로 와주게. 자네도 알다시피 우리 신문은 전국적으로 가장 많은 독자를 갖고 있으며, 우리가 취하는 노선도 단재가 품고 있는 뜻과 일치하지 않은가? 민족 정기 진작과 항일 투쟁 대열에 언제나 맨 앞장을 서려고 하는 《대한매일신보》에 그대의 붓이 있어야 제구실을 하겠구려. 배설(裵說) 사장이나 다른 사원들도 모두 단재가 오기를 몹시도 열망하고 있소. 단재가 쓰고자 하는 글은 모두 그대로 활자화하기로 했으니, 와서 마음껏 큰 뜻을 펴도록 하시오."

양기탁 총무의 제의에 단재는 선뜻 응하였다. 그와는 일찍이 독립협회 시절부터 친분이 있는데다, 언론계에 뛰어들고 나서부터는 비교적 잦은 접촉을 통해 서로 의기가 상통함을 느껴오던 터여서 단재로서도 매우 반가운 일이 아닐 수 없었다.

"고맙습니다. 아직 필력이 둔하여 걱정이긴 합니다만, 양 총무의 간곡한 권유를 수락하겠습니다. 저를 위해서 무슨 자리를 배려할 필요는 없습니다. 제가 쓰는 글을 다 받아 준다고 하니 그만큼 큰 배려가 어디 있겠습니까? 평기자로도 저로선 만족합니다."

"단재! 내일부터라도 우리 같이 필봉을 가다듬어 구국투쟁 대열에 나섭시다."

이렇게 하여 《황성신문》이 정간된 지 달포쯤 뒤인 11월 중순경, 단재는 《대한매일신보》에 몸담게 되었다.

《대한매일신보》에서 맹활약

《대한매일신보》로 옮겨 와 역시 논설을 맡게 된 신채호는 비로소 말문이 터진 듯 거침없는 논조로 글을 써 나갔다. 배설 사장 이하 신문사 직원들은 이미 비장한 각오로 신문을 만들고 있었기 때문에, 단재의 논설이 때로는 위험 수위에까지 이르는 격한 주장임에도 토씨 하나 바꾸지 않고 그대로 활자화시켰다.

《대한매일신보》의 전신은 1903년 창간된 《매일신보》였다. 이 신문은 이듬해 7월 18일 영국인 베델이 인수하여, 그의 한국식 이름인 배설을 발행인으로 일간지 《대한매일신보》가 나오게 되었다.

15세 때 일본으로 건너와 무역업을 하던 배설의 운명이 바뀐 것은, 그가 영국의 《데일리 크로니클》 신문의 서울 통신원이 되면서였다. 애당초 일본과 더 가까웠던 배설은 막상 서울에 주재하면서, 또 신문사를 운영하게 되면서 일본의 부당한 착취에 크게 반발하게 되었다. 일본이 한국의 황무지 개간권을 요구하자 그는 일본측을 신랄하게 비판했으며, 신문의 논조도 완전히 반일(反日)로 돌아섰다.

배설이 이처럼 항일의 입장으로 돌아선 것은 한국민의 거국적인 민족 운동에 감명을 받아서였다.

그러나 막상 그가 반일로 돌어서자 자금의 어려움에 부딪치지 않을 수 없었다. 원래는 일본측의 자금 지원을 받기로 한 것인데, 그의 태도가 돌변했으니 저들이 자금을 줄 리 만무했다. 또 그의 본국인 영국도 이때 일본, 독일과 3국 동맹을 맺고 있었던 관계로 영국의 정책과는 반대로 항일 언론의 첨병 노릇을 맡고 있는 그를 탐탁하게 여길 리가 없었다.

결국 신문은 1905년 3월 재정난으로 휴간할 수밖에 없었다. 그런데 이때 왕실에서 비밀리에 자금 지원을 시작했다. 고종 황제는 그 동안 항일 언론을 이끌어 갈 민족 진영의 조직을 애타게 기다려 오던 터여서, 배설의 반일적 성향을 알게 된 후로 특별 하사금까지 내려 《대한매일신보》를 키워 주었다.

그 해 1905년도 저물어 가는 12월 28일, 《대한매일신보》를 받아 쥔 국민들은 또 한 번 분노의 격랑에 휘말려 들었다. 11월 18일 비분의 5조약이 공표된 지 한 달 하고도 열흘이 지난 이날, 국민들은 그 날의 분노를 다시 한 번 되새기며 그간에 벌어진 사태들을 점검해 볼 필요가 있었다.

12월 28일자 신보의 논설난을 메운 단재의 사설 〈시일야우 방성대곡(是日也又放聲大哭)〉은 2천만 동포의 울분과 비통을 자극 하기에 넉넉하였다. 말하자면 투옥된 장지연 선생 글의 후속 편을, 그의 아끼는 후배 단재가 유감없이 써 나간 것이었다.

한·일의 새로운 조약이 체결되던 날에 한국 서울 안팎의 일 반 시민들은 큰 소리로 통곡하지 않은 사람이 없었고, 민영환· 조병세(趙秉世) 두 충정공(忠正公)이 순국하는 날에 남녀 노유 가 일제히 통곡하여 천지가 죽은 것처럼 비통해 하였고, 또한 주일 공사가 철수하여 돌아온 날에 이 나라의 관립, 사립 학도 4백여 명이 정차장에 쫓아 나와서 전별(餞別)할 때에 다 큰 소리로 울음을 터뜨렸으니, 본 기자가 듣고 서러워하며, "아, 슬프다! 대한 동포여. 오늘날의 정경이 참으로 가련하고 슬픈 일이오" 하고 탄식하였다.

4천년 조국이 지금은 쓸쓸한 곳으로 변하였고, 2천만 형제가 괴롭고 고통스럽게 되었으니, 어찌 곡하여 울지 아니하겠소. 그러나 대한의 제군들은 행여 울음을 잠시 멈추고 나의 한 마디 말을 들으시오.

대체로 오늘날 나라의 형편이 이와 같이 되었으니, 대한의 백성들은 삼한 갑족(三韓甲族)의 좋은 가문이 많은 것도 노예가 되기는 마찬가지요, 일품(一品)에 해당하는 대신의 훌륭한 자격도 붙들려 가기를 당하는 것은 한 가지요, 드높은 담장의 훌륭한 집도 남의 사는 집이 될 것이요, 상권(商權)도 남의 상권이요, 공업도 남의 공업이요, 화물 수송권도 다른 사람의 것이니, 대한의 백성들은 어떠한 자산 활동을 할 것인가? 앞으로 하와이의 이민과 같이 미국 영토에 붙어 살까, 블라디보스토크의 유민과 같이 러시아 땅에 예속할까. 천지간에 나라 없는 백성은 어디에 살든지 노예는 고사하고 생명을 보전하기 어려울 것이오.

백 번을 생각하여도 한국 동포를 죽음에서 구하는 방법은 학문 이외에 다른 방책은 없으니, 시간을 헛되이 보내지 말고 바로 오늘부터 외국의 학문에도 힘써 보시오. 골패(骨牌)·화투가 웬일이오. 신문을 보고, 독서하시오. 저 기생과 축첩(蓄妾)에 혹하여 빠지지 말고, 나라와 국민을 생각하시오. 관직을 사냥하려 굴을 뚫지 말고, 염치와 도리를 차려 보시오. 밭을 구하려 관사(官舍)에 방문하지 말고 남아의 사업을 경영하여 보시오. 재산으로 자손에게 물려주지 말고 학업으로 자손을 길러 보시오.

산림에 은거하여 이름을 낚지 말고, 재상을 그만둔 편안함을 기르지 마시오. 포로의 치욕을 당하게 생겼소. 무릎을 꿇고 단정히 앉아서 말없이 눈을 감는 것이 소용없소. 운동과 연설이 긴요한 것이오. 심성(心性)을 이야기하고, 이기(理氣)를 논하는 것이 소용없소. 농업과 공업, 상업이 절실하게 급한 것이오.

대체로 인생의 학문이 열려 나가면 지혜가 발달하고 사업이 왕성하게 일어나 하늘에서 받은 자유권을 회복할 기회가 있을 것이오. 타인의 종살이에서 벗어날 방침이 있을 것이니, 나쁜 운수가 가고 좋은 운이 돌아오고, 고통이 다하면 감미로운 것이 오며, 오늘의 슬퍼서 흐느끼는 모양이 변하여 다음날 기뻐 웃으며 즐겨 하는 모양이 되기도 필연적인 이치니, 대한의 제군들은 생각하여 근면하도록 하시오.

비교적 부드러운 논조로 이어지기는 했으나 울분과 함께

국민들 스스로 경각심을 불러일으키기에 충분히 설득력이 있는 글이었다. 언론인 단재 시대의 개막이었다.

한국에는 구국 언론인과 직업 언론인이 쉬지 않고 배출되어 나왔다. 그러나 20대 후반부터 기념비적인 활동의 나래를 편 언론인으로 아직껏 신채호 이상을 발견할 수 없다.

《대한매일신보》는 그 발행인 배설이 영국인인 관계로 다른 신문들과는 달리 엄격한 검열을 피할 수 있었다. 그리하여 〈시일야우방성대곡〉이란 사설을 계기로 단재는 본격적인 언론 항쟁을 전개해 나갈 수 있었다. 《대한매일신보》는 민족의 신문으로 자리를 굳히면서, 판매 부수도 국한 혼용의 본지에 영문판·국문판까지 합쳐 1만 7천 부에 육박하였다. 이때 다른 신문들의 발행 부수는 고작 몇천 부밖에 되지 않았음을 비추어 볼 때, 올바른 민족의 소리에 목마른 독자들이 얼마나 많았는가를 알 수 있다.

신채호는 26세에 언론계에 뛰어들어 30대를 맞이하기까지 민족 언론, 항일 언론의 총사령이자 전위대였다. 그는 일본의 침략 정책을 과감하게 논박하여 을사5조약의 무효를 주장했고, 통감부 설치의 불법성을 비난하는가 하면, 일본 군대와 경찰의 횡포상(橫暴相)을 낱낱이 규탄했다. 일본인들이 온갖 부정한 방법으로 이 땅에서 착취를 일삼는 작태에 대해, 하나 하나 그 불법성을 들어 가며 세차게 공격했다.

이처럼 단재는 언론인으로서 하루가 다르게 전성 시대를 꾸며 나갔다.

아들을 잃고

그러나 이러한 바깥 활동과는 달리 그의 가정 사정은 좀처럼 만족스럽지가 못했다. 구름 낀 나날의 연속이었다.

하루는 어느 친구가 삼청동 구석 단재의 집에 찾아왔다. 그런데 마당에 들어서자 우유통이 대여섯 개나 나뒹그러져 있는 것이 먼저 눈에 띄었다. 개울창에는 우유 가루가 하얗게 버려져 있었다.

"이런 쯧쯧! 이 비싼 우유를 누가 이렇게……."

찾아온 친구는 중얼거리다 말고 얼굴이 시뻘겋게 상기된 채 분에 찬 모습으로 서 있는 단재를 발견했다.

"아니, 자네 무슨 일이라도 있었던 겐가?"

아직도 그는 직성이 풀리지 않았는지 거친 숨을 몰아쉬고 있었다.

"에이 몹쓸 사람 같으니라고! 생사람을 잡게 됐지 무언가?"

"생사람을 잡게 되다니? 혹시 무슨 좋지 않은 일이라도……."

"아이놈 관일(貫日)이 에미가 젖이 없다 보니⋯⋯, 원 천하에 어디 이런 마누라가 있담!"

"그래서 아기가 굶어 보채기라도 한다는 건가?"

"내 딴에는 애써 통우유를 구해서 젖 대신 먹이라고 했더니만 이 먹통 같은 여자가 온도를 조절해서 시간 맞춰 먹이고 하는 걸 알아야지. 우유를 알맞게 먹이지 못해 어린 것이 그만 우유에 체해 이제 살아날 가망이 없게 되었지 뭔가? 내가 통우유를 사온 게 잘못이지⋯⋯."

그 친구는 일찍이 단재가 그토록 화를 내는 것을 본 적이 없었다.

"단재, 진정하게! 그렇다고 비싼 우유를 저렇게 쏟아버리면 되겠나? 어서 어린 아들을 회복시켜 계속 우유를 먹여 키워야지."

친구는 단재를 달래고 달랜 끝에 간신히 진정을 시켰으나, 그는 계속 시무룩한 표정을 지우지 못했다.

신채호는 첫아들 관일이 태어나자 이만저만 기뻐하지 않았다. 아무리 책 읽고 글 쓰는 일이 벅차다 하더라도 아버지가 된다는 것은 특별한 기쁨이 아닐 수 없었다. 첫아들에게 쏟는 정도 유별났을 뿐만 아니라, 그 동안 멀어졌던 부인과의 사이도 한층 화목해졌다. 산모의 건강을 끔찍이도 걱정해 주는 그의 모습을 보고 친구들은 그가 이제야 결혼 생활을 시작했다고 놀리기도 했었다.

그런데 어린 아들의 온몸은 불덩어리가 되어 죽음의 문턱에서 가쁜 숨을 할딱거리고 있었다. 그가 펄펄 뛰는 것도 무리가 아니었다.

그 며칠 뒤 친구 변영만은 단재의 집 일이 궁금하여 삼청동을 찾았다. 그런데 그 집에 당도하기 앞서 삼청동 마을을 돌아 나오는 노랑이 뜨물이라도 버린 듯한 물이 뿌옇게 흐르고 있는 것을 보았다. 도랑에서 빨래를 하던 아낙네들이 서둘러 빨래를 건지면서 투덜댔다.

"누가 우유를 이렇게 버린담!"

그 뿌연 빛은 뜨물이 아니라 우유였다.

'아뿔싸! 필경 단재의 소행이구나! 우유통마저 몽땅 버리고 있구나! 혹시 관일이가 어떻게 된 것이 아닌가!'

변영만은 머리끝이 섬뜩해서 단숨에 단재의 집으로 달려갔다. 집안에서는 걱정하던 사태가 벌어지고 있었다. 분노한 단재는 마치 미친 사람처럼 마구 우유를 쏟아 버리고 있고, 조카딸 향란은 얼빠진 듯 우두커니 서서 삼촌의 행동을 물끄러미 쳐다보고만 있었다. 구석방에서는 부인의 소리인 듯 흐느끼는 울음 소리가 들려왔다.

변영만은 차마 말릴 엄두를 못 내고 단재가 진정하기를 기다렸다. 이윽고 우유를 모두 쏟아 버린 단재는 그제야 친구를 발견했는지 맥없이 입을 열었다.

"이제…… 없어. 관일이가 없어졌어. 백홍(白虹)으로 변해서 그놈이 죽고 말았어."

친구는 가슴이 철렁 내려앉았다. 단재가 비로소 가정에 관심을 갖게 되는가 싶었는데. 그토록 귀여워하던 아들이 죽었다면 그는 또다시 집으로부터 멀어질 게 분명했다. 그렇지만 변영만으로서도 위로의 말 몇 마디를 건넬 뿐 달리 도리를 찾지 못했다. 한동안 우두커니 서 있다가 발길을 돌려야 했다.

술 취해 몽땅 털리기도

그 얼마 뒤 몹시 초췌해진 모습으로 단재가 친구 변영만을 찾아왔다. 여느때와 다름없이 낡은 두루마기 차림인데, 바지춤에 무엇인가 달랑달랑 매달려 있었다.

"자네, 이건 또 무슨 보물 쌈지인가?"

"아무것도 아니야. 보물이 아니라 그저 위장이 좀 나빠서 약을……"

"아니 위장약이라면 집에서 끼니 때마다 복용해도 될 텐데,

뭘하러 이처럼 거추장스럽게 매달고 다니나?"

"글쎄 난들 그걸 모르겠나. 집에 두면 약이 남아나질 않아서지. 먹성 사나운 우리 집 아낙이 무슨 보약이라도 되는 줄 알고 이 위장약을 나 몰래 찾아 먹곤 하니 어떻게 하겠나. 이렇게 가지고 다녀서라도 내 병부터 고치고 봐야지."

그는 몹시 씁쓸한 표정이었다. 머리는 바싹 깎아 버린데다 때묻은 검정 두루마기를 입어 흰 얼굴이 더욱 창백해 보이는 단재는, 누가 보아도 병자의 모습이었다. 고름도 아무렇게나 맨데다가 미투리를 신고 있는 모습은 초라하기조차 했다.

그러나 잠시만 그와 얘기를 나누다 보면 이러한 처음의 느낌은 어느 새 씻은 듯 자취를 감추고, 그의 강인한 정신에 흠뻑 빠져들게 된다. 그의 커다란 두 눈에서는 은은한 광채가 났으며, 대화가 깊어질수록 그 눈빛은 영롱함을 더해 갔다. 목소리 또한 크고 맑아서 그와 얘기를 나누다 보면 누구라도 그에게 빠져들고 만다.

충청도 사투리를 완전히 떨치지 못하여, 서울 말씨에 '하시겨요', '하겨요' 하는 사투리가 섞여 독창적인 말투가 되기도 했다.

만나 볼수록 그의 인간적인 풍모에 감탄하게 되고 정이 두터워졌다. 성미가 굳세고 성격의 독특함이 두드러졌으나, 막힌 구석이 없이 확 트인 사람이었다. 특히 이 나라와 사회에 대한 걱정을 나누는 자리에서 열변을 토하는 그의 모습을 본 사람이면 한결같이, 저 허약한 몸 어디서 그런 정열이 나오는지 모른다고 의아해 할 정도였다.

술을 좋아하나 많이는 못 마셔서 두서너 잔이 고작이었지만, 담배만은 유명한 골초였다. 글을 쓰다가 막히거나 수심에 차 있을 때면 그는 연신 줄담배였다.

단재라고 보통 사람들이 곧잘 저지르는 실수가 없으란 법은 없다. 어느 날 신문사에서 월급 봉투를 받아 집으로 가던 길에 갑자기 소나기를 만나 어느 집 처마 밑에서 잠시 비를 피하게 되었다. 얼마쯤 시간이 흘렀을까, 온몸에 한기(寒氣)가 스며들어 으슬으슬 떨고 있는데, 대문이 열리며 예쁘장하게 차려 입은 여자가 갸웃이 내다보며 말을 건네는 게 아닌가.

"어머, 비를 맞고 서 계시군요! 누추하지만 잠깐 들어 오셨다가 비가 뜸해지거든 가시지요."

단재는 춥기도 하고 비도 쉽사리 그칠 것 같지 않아 그 집 사랑채에 담시 들었다. 장지문을 열어 놓고 우두커니 앉았는데, 비 오는 바깥 풍경이 가뜩이나 정서가 여린 그의 심사를 몹시도 뒤흔들어 놓았다. 가슴 밑바닥부터 촉촉히 젖어 오는 걸 느끼며 문 밖으로 던진 시선을 거두지 못하고 있을 때 여

주인이 주안상을 차려 왔다.

아직 20대 청년의 객기 탓인지 이날 신채호는 몹시도 취했다. 본시 술에 약한 체질이면서도, 빗소리를 들으며 낯선 집에서 술잔을 기울이는 일에 매우 흥취가 돋우어져 연거푸 마셔 댄 모양이었다.

그러다가 술에 취해 깜박 잠이 들었다. 이윽고 잠이 깨었을 때 그는 꽤나 쑥스러워서 안주인을 볼 용기가 안 났다.

"잘 쉬었다 갑니다."

그는 글을 한 줄 남기고 살그머니 그 집을 빠져 나왔다.

그런데 이튿날 출근한 단재는 몹시 풀이 죽어 있었다. 그러더니 한 친구를 붙들고서는,

"이보게, 급히 돈이 좀 필요하니 한 달만 좀 빌려 줄 수 없겠나?"

"아니, 자네 어제 월급을 타지 않았나? 그 돈을 하룻밤 사이에 다 썼다는 것은 이해가 가지 않는데."

이쯤 되자 단재로서도 빈털터리가 된 어제의 일을 실토하지 않을 수 없었다.

"……그래 집에 와서 보니 호주머니가 텅 비어 있지 뭔가? 그렇다고 어제 일을 안사람한테 내색할 수도 없고……. 이봐, 내 사정을 좀 봐주게."

"하하하! 우리 단재 선생께서 정에 취하고 술에 취하여 빈털터리가 되셨구만!"

신문 논설에서는 더없이 명쾌한 논조를 제시하는 단재였지만, 인간적인 면모에서는 허술한 점도 없지 않았다.

담배까지 끊으며 국채 보상 운동

1906년 봄, 대한자강회(大韓自强會)가 조직되었다. 출옥한 장지연 선생과 윤효정(尹孝定), 윤치호 등이 주동이 되어 국력 배양과 민족 자력 갱생을 위해 범국민적인 활동을 벌여 나갔다. 그러나 이듬해 여름 고종 황제를 강제로 양위시킨 데 대한 반대 시위 운동을 전국적으로 전개해 나가자, 대한자강회에 대한 해산령이 내려졌다. 교육 계몽과 증산 운동을 통해 민족의 실력을 키워 나가려던 대한자강회는 1907년 11월 17일 '대한협회'로 다시 발족을 보았다.

어떠한 탄압에도 굴하지 않고 끊임없이 들고 일어서는 우리 민족의 저항 의지를 막을 수는 없었다. 이 대한협회는 발족된 지 1년 만에 전국 각지에 60여 개 지회를 두고, 그 회원 수도 수만 명에 달하는 방대한 조직을 갖추게 되었다. 그야말로 거족적인 애국 계몽 운동이 벌어지고 있는 참이었다.

당시 언론을 통한 국권 수호 운동에 앞장선 단재가 여기에 참여하여 적극적인 활동을 펴나간 것은 지극히 당연한 일이었다. 그는 무엇보다 대한협회 회원들에게 희망을 불어넣으며 그들을 정신적으로 이끄는 역할을 맡아 했다.

대한협회의 기관지인 《대한협회회보》 창간호에는 단재의 매서운 글 〈대한의 희망〉이 실려 있다.

오호라. 오늘 우리의 대한에 무엇이 있는가? 국가는 있건만 국권이 없는 나라이며, 인민은 있건만 자유가 없는 국민이며, 화폐는 있건만 주조권(鑄造權)이 없으며, 법률은 있건만 사법권(司法權)이 없으며, 삼림이 있건만 우리 소유가 아니며, 광산이 있건만 우리 소유가 아니며, 우편·전신이 있건만 우리 소유가 아니며, 철도가 있건만 우리의 소유가 아니니, 그런즉 교육에 열심하여 미래 인물을 만들 대교육자가 있는가? 이 또한 없으며, 그렇다고 식견이 우월하여 온 나라의 민지(民智)를 계발할 대신문가가 있는가? 이 또한 있지 않으며, 대철학가, 대문학가도 없으며, 대이상가, 대모험가도 없구나.

단재는 이 나라가 지금 절망의 깊은 수렁 속에 빠져 있음을 오히려 다행으로 여겼다. 그것은 고통 속에서만 희망이 싹틀 수 있다고 믿었기 때문이었다.

　……오호라. 망망한 지구상에 강국이라 일컫는 나라가 한 가지
고통이 없고서 능히 일어난 자가 혹 있는가. 그러므로 가로되
'굶주린 자가 복되다' 하며, '핍박받는 자가 복되다' 함은 모든 사
람의 희망이 액운과 역경 속에서 비로소 태어남을 말함이니, 우
리 대한의 역사를 말하건대 이왕에 고통이 일찍 오지 않았던가.
　……오호라. 현재의 고통은 과거의 희망이 없었으므로 남겨진
결과요, 미래의 행복은 현재의 희망이 있으므로 싹틀 씨앗이니
근면할지어다. 우리 한인아. 과거 무희망은 과거 인물이 만든 겁
몽(劫蒙)이며, 미래의 희망은 미래 인물이 쌓을 토대이니 근면할
지어다. 우리 한인아.

　피맺힌 외침으로써 온 국민이 분발하여 일어나 줄 것을 그
는 열망하였다.
　고통의 시대이기에 그 절망을 딛고 일어설 희망이 있다. 고
통의 정도가 극심할수록 희망은 더욱 우람차고 눈부신 모습
으로 다가오는 게 아닐까.
　정말 그러했다. 을사조약 이후 우리의 주권은 거의 일제의
손에 넘어갔고, 민족이 설 자리마저 없어지게 된 이 무렵에도

우리 민족의 가슴 속에서는 날로 새로운 희망이 꿈틀거리고 있었다.

그 '대한의 희망'이 우람찬 모습으로 드러난 것이 전국적으로 일어난 '국채 보상 운동(國債補償運動)'이었다. 대한제국 정부가 진 빚 1천3백만 원을 국민 스스로의 힘으로 갚아, 일제에게 더 이상 착취의 구실을 마련해 주어서는 안 된다는 경제 자활 운동이었다.

이 운동은 시작되기 무섭게 한반도 전역을 휩쓸었다. 애국 운동을 주도하는 모든 기관과 항일 언론 단체에서는 거의 모든 정열을 여기에 쏟다시피 했다. 《대한매일신보》를 비롯한 민족지에는 여러 차례 논설로 이를 다루었으며, 신문의 광고난에서는 매일매일 성금 기탁자의 수효가 늘어가는 것을 볼 수 있었다.

《대한매일신보》에서는 〈국채 보상〉, 〈오도(誤導)하는 충애(忠愛)〉, 〈단연 동맹(斷煙同盟)의 결과 예기(豫期)〉, 〈국채 보상의 문제로 외보(外報)의 논평〉 등의 논설을 실었고, 《황성신문》 또한 〈단연하여 국채를 갚자〉 등으로 국채를 갚을 자금을 모으는 방법을 알리기도 했다.

어느 날 《대한매일신보》 광고난에는 신채호도 보상금을 낸 사람 명단에 끼여 있었다. 일금 2원을 희사했다. 이 돈은 그로서는 결코 적지 않은 액수였던데다, 무엇보다 그가 이 돈을 모으기 위해서 그 좋아하던 담배를 끊었다는 사실이 감복할 만했다. 늘 입에서 담배가 떨어질 날이 없던 유명한 골초 단재가 "국채 보상 운동을 전개함에 있어서 나부터도 당분간 담배를 끊으려고 하오" 하고 선언했을 때 사람들은 설레설레 머리를 흔들기부터 했다.

"다른 사람은 다 할 수 있어도 단재 같은 줄담배가 담배를 끊는다는 것은 쉽지 않을걸."

그러나 사람들의 이러한 쑥덕거림을 완전히 무시한 듯, 단재는 그 날부터 담배를 입에 대지 않았다. 글이 막히거나 초조해질 때면 습관적으로 더듬더듬 담배를 찾기도 했지만, 이내 나라를 쓰러뜨릴 거대한 빚을 생각해 내고 손동작을 멈추곤 했다. 이렇게 모든 돈 2원이었다.

이처럼 애를 쓴 사람이 어디 단재뿐이었겠는가. 국채 보상 운동이 시작된 지 불과 3개월 만에 2백32만 원 정도가 모금되기까지, 이 나라 사람들은 허리띠를 있는 대로 졸라맸다. 이리저리 뜯기고 빼앗겨서 돈이라고는 더 이상 나올 구석이 없어 보이는 대부분의 가정에서, 어떻게 마련했는지 꼬깃꼬깃 쌈지돈을 보내 왔다. 결혼 때 받은 유일한 패물인 금가락지를 보내 온 아낙네도 적지 않았다. 그만큼 우리 민족의 독립에의 의지는 뜨거워져 있었다.

그러나 간악한 일본 제국주의가 이 정도로 물러날 리는 만무한 일이었다.

피어린 의병 항쟁

일제 통감부로서는 국채 보상 운동을 주도하는 《대한매일신보》가 눈엣가시 같았다. 벌써부터 이 신문을 폐간시킬 방법에 골몰해 있었으나, 사장이 영국인이라 함부로 트집 잡지도 못하고 벙어리 냉가슴 앓듯 속만 태우고 있던 통감부였다.

그리하여 이 기회에 국채 보상 운동도 중단시키면서 《대한매일신보》 자체도 처치해 버릴 방법을 강구했다. 악랄하기 그지없는 통감부는 이듬해 여름 신문사의 총무이자 국채 보상 운동의 총책인 양기탁을 전격 구속하였다. 그가 국채 보상금을 횡령했다는 억지였다.

결국 재판 끝에 양기탁은 무죄로 판명되어 석방되었으나, 그 동안 거국적으로 추진되어 오던 국채 보상 운동은 된서리를 맞는 결과가 되어 버렸다. 이로써 이 민족 전체의 마지막 안간힘은 더 이상 진전이 없이 흐지부지되고 말았다.

이 무렵 나라의 상황은 더욱 긴박해져 갔다. 1907년 네덜란

드 헤이그에서 만국 평화 회의가 열린다는 소식에 접한 고종 황제는 이상설·이준(李儁)·이위종(李瑋鍾)을 그 곳에 밀사로 파견하였다. 을사5조약의 강제 체결은 국민의 뜻도, 황제가 정식으로 승인한 것도 아니었기에, 이러한 한국의 억울한 사정을 세계에 호소하기 위해서였다.

그러나 이미 외교권을 상실한 까닭에 회의 참가를 거절당했고, 그러자 울분을 참지 못한 이준 열사가 단식 항의하던 끝에 순국하기에까지 이르렀다. 이 일로 비록 회의에는 참가할 수 없었지만, 국제 여론에 일본의 침략을 널리 호소하는 계기가 되었다.

일제 통감부는 이 사건에 펄쩍 뛰었다. 사건의 책임을 물어 고종 황제의 퇴위를 강요하였고, 그 자리에 순종 황제를 대신 앉혔다. 고종 황제의 양위가 발표되자, 유생, 학생 등 수천 명이 이에 항의하여 일경(日警)과 충돌하는 사태로까지 번졌다. 그런데도 일본은 이에 멈추지 않았다. 곧 이어 한일 신협약을 강제로 조인, 이 나라에 대한 내정 감독권을 더욱 강화했다.

그 동안 각부에 일본인 고문을 두었던 것을 아예 차관(次官)으로 두어, 내정 간섭이 아니라 일일이 그들의 승인을 거쳐야 정책이 가능하도록 못박아 버렸다. 또 7월 31일에는 구한국 군대를 강제 해산했다. 또한 광무 신문지법도 선포하여 언론의 목을 더욱 세차게 졸랐다.

이러한 일련의 조치는 모두 1907년 여름에 일어났다. 여기에 대한 우리 민족의 항거 또한 격렬함을 더해 갔다. 항일 의병이 전국적으로 일어났으며, 군대 해산이 있던 날은 보병 제1대대의 박성환(朴性煥) 참령이 자결로써 항의하자 장병들이 무기를 들고 일어나 일본군과 시가전을 벌이기도 했다.

그러나 수적으로도 우세할 뿐더러 신무기로 무장한 일본군을 당해 낼 수가 없었다. 무수한 한국 군인들이 그들 총격에 희생되었고, 살아 남은 군인들은 뿔뿔이 흩어져 전국 각지의 의병과 합세하였다. 이전에는 주로 유생들을 중심으로 의병이 일어난 데 비해, 이 때부터는 해산당한 구한국군 출신의 군인, 평민 등이 합세하여 규모가 막강해졌으며, 활동 지역도 전국에 걸쳐 넓게 분포되었다.

같은 해 말쯤에는 전국 의병 1만여 명이 연합하여 서울을 향해 진격하였으나 일본군의 선제 공격으로 패하고 말았다. 그러나 1910년 국치(國恥) 무렵까지 의병 투쟁은 더욱 뜨거워만 갔다. 경상도 일대의 신돌석(申乭石) 부대, 강원도 · 충청도 일대의 민긍호(閔肯鎬) 부대와 이강년(李康秊) 부대, 임진강 일대의 허위(許蔿) 부대, 황해도 · 경기도 일대에서 활동한 평민 의병장 김수민(金秀敏) 부대, 그리고 함경도의 홍범도(洪範圖) 부대

등이 끊임없이 일군(日軍)과 접전을 벌였다. 끝까지 나라를 내주지 않겠다는 처절한 항쟁이었다.

1895년 명성황후의 시해 참변인 을미사변을 계기로, 또 이해 연말 단발령에 반대하면서 들고 일어난 의병 봉기는 1905년 을사5조약과 1907년 국난을 겪으며 더욱 거세어졌고, 1910년 국권이 왜군에 의해 완전 함몰되기까지 의로운 피가 강을 이룰 태세로 전국에 파급되어 갔다.

특히 1905년부터 5년간 의병 항쟁의 의기 진작은 신채호의 언론 활동에 힘입은 바 매우 컸다.

제3장 희망의 등불 밝히며

비밀 결사 신민회 대변인

1907년 그 비정한 여름을 겪고 나서 단재는 동지들과 협의를 거듭한 끝에 비밀 결사의 민족운동 단체 발족에 가담하였다.

헤이그 밀사 사건이 있은 직후 블라디보스토크에 있는 북해여관의 한 구석진 방에서는 중대한 밀의가 진행되고 있었다. 우당(友堂) 이회영(李會榮)과 부재 이상설이 소리를 죽여 가며 장차 전개해 갈 항일 운동의 대책을 숙의하고 있었다. 그리하여 다음 사항의 결정을 내렸다.

1) 독립 지사를 규합하여 국민 교육을 장려하고,

2) 만주에 광복군을 양성하며,

3) 국내에 비밀 결사를 조직하고,

4) 모든 자금을 준비한다.

이들은 일단 이 같은 방침을 세운 뒤 귀국하여 대한매일신보사 계통의 인사들과도 비밀 결사를 조직하였다. 바로 '신민회(新民會)'가 그것이었다.

서울 상동교회(尙洞敎會) 지하실에서 전덕기 목사를 비롯하여 양기탁, 이동녕, 이회영 등 4인이 발기인이 되었다. 조국 광복운동에 한 목숨을 다 바치기로 결의한 이들은 본회를 배반할 경우 서로의 목숨마저도 빼앗을 수 있다는 준엄한 규약을 통과시키기도 했다.

신민회에서는 국민 교육을 장려하기 위해 평양에 있는 대성학교(大成學校)와 정주(定州) 오산학교(五山學校), 안동 협동학교(協東學校) 등지에 청년 회원을 교사로 천거하였다. 신민회 운동의 일차적 목적은 민족의 실력을 기르자는 데 있었다. 국민 전체의 사상을 개혁하고 교육을 진흥시켜 나라의 힘을 기르고, 이러한 힘을 바탕으로 새로운 자주 독립의 민족 국가를 세우자는 원대한 목표였다.

그렇지만 궁극적으로는 침략자 일본에 대항하고, 봉건적인 국내 제도를 타파하려는 강력한 민족운동 조직이었다. 신민회는 장차 다가올 조국의 운명을 직감하여 독립 항쟁의 발판을 미리 구축해 놓고, 외부로 알려진 사업들과는 달리 비밀리에 이 일도 추진하고 있었다.

신채호가 신민회에 깊이 관여할 수밖에 없었던 것은 그가 주필로 일하고 있는 《대한매일신보》가 신민회의 대변지 역할을 해내고 있었기 때문이다. 신문 논설에서 드러나는 단재의 정연한 논리와 힘있는 문체를 높이 사서, 신민회에서는 그들의 광대한 목표를 집약하여 〈신민회 취지서〉를 완성시켜 줄 것을 그에게 부탁하였다.

단재는 취지서를 통해 온 국민이 애국하는 마음을 뭉쳐야만 망해 가는 나라의 운명을 살릴 수 있다고 밝혔다. 신민회는 민간 중심의 비밀 단체로, 나라가 일본에 넘어가고 난 후에는 독립운동 전개와 임시정부 활동에 그대로 이어진다.

단재는 이 단체의 핵심 요원이었으면서도 조직의 창설자 명단에는 빠져 있었다. 이는 그가 앞으로 해 나가야 할 일이 너무도 많았기 때문에, 혹 신민회 운동이 탄압을 받게 되는 사태에 이르렀을 때를 대비해서였다. 그리하여 처음 4명의 발기인 외에 안창호, 이갑, 김구(金九), 여준(呂準), 이동휘, 김진호(金鎭浩), 김영선(金瀅璇), 이관직(李觀稙) 등이 제휴되어 열두 명의 주요 인사가 확정되었을 때도 그의 이름은 명단에서 빠져 있었다.

독립운동의 맹장으로서 단재의 정신이 굳건해진 것은 신민회 비밀 결사 활동 무렵부터였다.

쓰러져 가는 나라를 바로 세우려면 초인적인 큰 힘에 의존해야 했다. 신채호는 역사에 눈을 뜨자 먼저 영웅을 애타게 기다렸다. 영웅의 피와 눈물로 크나큰 힘을 만들어야 외적을 단숨에 무찌를 수 있었다.

하지만 영웅이 기적과 같이 나타날 리는 만무했다. 단재는 영웅을 예찬하면서 신민회 시대에 새로운 백성 곧 신민(新民)을 발견하게 되고, 3·1운동 후에는 민중(民衆)을 발견하여 민족 혁명의 세계적 성취를 뜨겁게 외쳐 나간다.

그의 생애에서 영웅과 신민, 그리고 민중은, 세 얼굴이나 자주적 민족 항쟁의 한결 같은 표정일 따름이었다. 그 자신이 정신적 영웅이었고, 굳건한 신민이었으며, 전투적 민중의 화신(化身)이었다.

순한글로 《가정잡지》 펴내

신민회에 관여하고 있던 상동청년학원에서는 1908년 1월부터 가정 교육과 여성 계몽을 위해 순한글 《가정잡지(家庭雜誌)》를 속간하기 시작했다. 그 전 해 여름부터 다른 사람에 의해 발행되기 시작했으나 재정이 부족하여 일시 휴간한 것을, 신채호가 이어받아 직접 편집·발행함으로써 다시 세상에 나올 수 있었다.

단재는 일찍이 고향에서 학생들을 가르칠 때부터 한글전용을 부르짖으며 국문 교육에 열을 올려 왔던 까닭에, 한글 잡지를 발행하는 일이 그로서는 매우 끌리는 일이 아닐 수 없었다.

1908년 신년호부터 《가정잡지》를 속간하면서 단재는 〈새해 축하〉를 통해 독자들과 인사를 나눴다.

새해 새달에, 휴간되었던 본 잡지가 새로 속간이 되어 오래 작별하였던 우리 《가정잡지》를 애독하시는 첨군자(僉君子)와 새 면목을 상대하오니, 반갑고 기꺼운 말씀 어찌 측량하오리까. 두어 글자로 축하 지어 빕나이다.

빕나이다. 첨군자의 가정에 옛 근심 다 풀리고 새해 일이 새로우소서.

빕나이다. 첨군자의 가정에 옛 재앙 다 물러가 새해 복이 새로우소서.

빕나이다. 첨군자의 가정에 옛 습관 다 버리고 새해 지식이 새로우소서.

빕나이다. 첨군자의 가정에 새해 새 사업으로 형제가 서로 힘써 새해 새 가정이 되옵소서.

빌 말이 많사오나 이만 그치오니, 아무쪼록 첨군자는 힘써 나가시사 내 일 내가 하면 새해에 복을 다 혼자 차지하는 법이니,

이 말로 빕니다.

그가 새해 새 가정을 염원하기는 독자 모두가 새 마음 새
정신으로 새 사람이 되어 새로운 생활을 하고 새로운 나라의
주인이 되자는 뜻이었다.

《가정잡지》는 주로 가정과 여성을 계몽하는 내용들로 채워
져 있었다. 〈한 집안의 경제를 한 사람이 못 할 일〉, 〈익모초〉,
〈주락 조씨의 부인〉, 〈한씨 부인의 자선〉 등의 글들이 발표되
었다.

단재는 이러한 계몽 운동과 아울러 쉬운 한글을 대중에게
전파하여 국문 보급에도 어느 정도 자신의 뜻을 펼쳐 나갔다.

역사가로 발돋움

어두운 역사 속에서 밝은 역사로 돌진해 나가는 것은 애국
적 본능이다. 신채호 그는 20대 후반에, 역사의 맏아들답게
횃불을 올렸다.

아아, 어떻게 하면 우리 2천만의 핏방울, 땀방울마저 항상 나
라를 위하여 뜨겁게 흘리게 할까? 이르기를 오직 역사로써 할지
니라.

그는 〈역사와 애국심의 관계〉(1908)에서 계속하여 역사의 놀라운 힘에 대해 쓰고 있다.

성스러운 역사며, 위대한 역사여. 일곱 겹 여덟 겹으로 된 화려하고 장엄한 누각으로 한 나라의 강산을 장엄하고 화려하게 하는 것이 역사가 아닌가. 천 번 만 번 많은 향기와 하늘의 도움으로 한 나라와 민족을 소생시키고 깨닫게 하는 것이 역사가 아닌가.

국토를 장엄하고 화려하게 하는 성스로운 힘, 나라와 민족을 소생시키고 깨닫게 하는 위대한 힘은 역사로부터 나온다. 나라 사랑과 겨레 번창의 유일한 길은 역사를 제대로 알게 하는 데서 비롯된다.

역사를 읽되 어린 시절부터 읽을지며, 역사를 읽되 늙어죽도록 읽을지며, 역사를 읽게 하되 남자뿐 아니라 여자도 읽게 하며, 역사를 읽게 하되 상류 사회뿐 아니라 하류 사회도 읽게 할지어다.

그러나 애국심의 용광로로 국가 중흥과 민족 번영에 시종하는 역사는 '정신의 활화산'이 아니며 제구실을 할 수 없다.

문제의 글 〈독사신론(讀史新論)〉(1908)에서 밝힌 바와 같이 "정신이 없는 역사는 정신이 없는 민족을 낳으며, 정신이 없는 나라를 만들기"에 그칠 뿐이다.

정신이 살아 있는 역사가 아니면 역사라 할 수 없다. 산 정신을 낳는 어머니가 역사이기에 단재는 참역사를 찾기에 일생을 고스란히 바쳐야 한다고 젊은 시절 큰 뜻을 세웠다.

역사라는 큰 배가 침몰될 위기에 이르러 그 캄캄한 밤의 항로를 밝히는 등대수로 나서야 하는 신채호였다.

언론 활동을 통해 국민 계몽 운동의 선봉이 된 단재는 어두운 현실을 밝힐 수 있는 희망의 빛을 만들고자 역사 연구에 몰두하기 시작했다. 애초에 뜨거운 애국심에서 우리의 5천년 역사를 가까이 하게 된 그는, 역사 연구가들이 그 동안 저질러 놓은 숱한 문제점들과 부딪치게 되었다.

한국 사람의 입장에서 쓴 역사가 별로 없는 역사학계의 풍토였다. 한국의 자주 역량을 고취하기는커녕, 제 나라를 깔보고 이웃 나라 중국을 숭상하기 바쁘며, 자기 나라를 배척하는 이상으로 비합리적인 역사 기술도 적지 않아 새로운 출발이 목마르게 기다려지고 있었다.

왕조 중심의 역사는 극복되어야 한다. 역사의 주인은 대다수 국민이다. 역사를 움직이는 주체를 주인공으로 삼지 않는

다면 참된 역사라 하기 어렵다.

신채호는 40대 나이에 마침내 대사학자로서 일컬어지기에
이른다. '역사'란 무엇인가? "인류 사회의 아(我)와 비아(非我)의
투쟁이 시간적으로 발전하며, 공간적으로 확대하는 심적 활동
상태의 기록"이다. 나 아닌 것과의 영원한 싸움이 없이는 역
사가 발전하거나 확대될 수 없다. 《조선상고사(朝鮮上古史)》 총
론 서두에 보이는 이 역사관은 단재사관(丹齋史觀)의 심장으로
정평이 있다.

나와 나 아닌 것과의 싸움, 이는 나의 생존 영역을 확대심
화시키기 위한 활동이다. 시간과 공간을 발전시키고 확대시
키는 심적 활동 상태이기로, 역사의 전개는 수준 있는 싸움이
연속되어야 한다.

어떠하여야 참조선의 역사라 하겠는가? 조선 민중 전체의 발
전, 변화하는 모양을 서술한 것이라야 참조선의 역사가 될 터이
지만, 그러나 민중을 표준삼는 20세기에 싹트는 나라이니, 이는
너무 사치스러운 선택이라 내가 말하는 참조선의 역사는 곧 조
선적인 조선을 적은 조선의 역사를 말하는 것이며, 인위적 조선
을 적은 조선의 역사이거나 해서는 아니되며 다만 조선을 주체
로 하고 충실히 적은 조선의 역사를 가리킴이다.

— 〈조선사 정리에 대한 사의(私疑)〉에서

참역사는 《삼국사기》에도 《삼국유사》에도 있지 않다고 단재는 공언한다. 민중 전체의 발전상을 주체적으로 적은 "조선적인 조선을 적은 조선의 역사"가 아닌 까닭이다. 완전한 역사이기는커녕 중국을 큰 나라로 떠받든 나머지 조선을 배척하는가 하면, 종교적 편견에서 벗어나지 못하는 기술로 시종할 뿐이어서 참조선을 알게 하지 못한다. 또한 왕조의 미화에나 정성을 쏟은 《동사강목(東史綱目)》의 경우도 신채호의 마음에 들 리가 없었다. 민중 전체의 발전과 변화하는 모습을 생생하게 담도록 하려면 그 근본부터 뒤집어 엎어야 마땅할 일이었다. 단재는 매몰찬 도전자로 나서야만 했다.

애국심 들끓게 한 전기물

애국과 역사와 문학은 세 얼굴이지만, 단재에게는 하나였다. 한국 근대 역사가의 제1인자가 되는 단재는 아울러 국문학사에 남을 문호였고, 애국을 종교로 삼는 참한국인이었다.

국민의 애국심은 역사에 대한 자부심에서 비롯된다. 역사를 제대로 읽으면, 애국의 길이 저절로 열리게 마련이다. 영국의 확장과 미국의 풍요, 독일의 강력함과 프랑스의 견고함은 단지 한 편의 역사가 낳은 산물에 지나지 않는다. 역사를 통해 국민들 각자에게 국가 정신을 불어넣음으로써 얻은 눈부신 결과였다.

나라가 패망해 가는 까닭은 간단하다. 역사를 알지 못하고 알았다 해도 그릇된 역사를 알기 때문이다. 그리하여 단재는 30세를 전후하여 정신 무장으로서의 역사를 깨우치는 일에 열성을 다 바쳤다.

그는 먼저 역사 속에서 새 인물을 찾아 현실의 어려움을 헤쳐 나갈 미래의 인물을 창조해 냈다. 1907년 10월 하순께 단재는 중국 근대화의 기수 리앙 치차오(梁啓超)가 쓴 《이태리 건국 삼걸전》을 번역하여 책으로 펴냈다. 이탈리아의 영웅을 다룬 책이었지만, 드높은 애국심과 망해 가는 나라를 일으키려는 충절에서 누구에게나 감동을 줄 수 있는 뜻이 담겨져 있었다. 그는 마치니, 카부르, 가리발디 등 이탈리아 건국의 세 영웅을 다룬 소설을 사람들에게 읽힘으로써 애국 정신을 목청껏 외쳤다.

그 무렵 그는 이 나라의 미래를 뒤바꿔 놓을 영웅을 갈망하였다. 나라 안팎의 흘러간 영웅의 발자취를 더듬어서 미래의 영웅이 만들어지기를 희망하였다.

〈을지문덕〉, 〈이순신전〉, 〈최도통전(崔都統傳)〉, 〈한국의 제일 호걸 대왕〉, 〈유화전(柳花傳)〉, 〈구미호(九尾狐)와 오제(五帝)〉,

〈철마(鐵馬) 코를 내리치다〉 등 영웅전을 집필하여 작은 나라 아닌 큰 나라 정신을 피로 삼기를 호소하였다.

고구려의 을지문덕 장군, 한산섬 대첩의 이순신 장군, 고려 왕조를 위해 충절을 지키다 죽은 최영(崔瑩) 장군, 고구려의 광개토대왕, 고구려 시조 동명성왕 등을 차례로 다룬 뒤, 고대 신화에서도 영웅의 모습을 찾아 전기에 담았다. 옛 영웅을 새 영웅으로 받아들여 국권을 찾자는 절실한 의도에서였다.

이 중 〈을지문덕〉과 〈이순신전〉, 〈최도통전〉은 모두 《대한매일신보》에 연재되어 많은 독자들을 감동시켰다. 이때 단재는 무애생(無涯生)이라는 필명을 썼다. 신문사 주필로서 언론계에 몸담고 있는 동안 단재는 이밖에도 일편단생(一片丹生), 금협산인(錦頰山人), 열혈생(熱血生), 검심(劍心) 등의 필명도 함께 사용했다. 그는 신문에 논설을 비롯해 역사, 문학 등에 관한 글도 매일같이 여러 군데에 게재해야 했으므로, 어쩔 수 없이 각각 다른 이름을 사용해야 했다.

그 뒤로도 그는 더 많은 이름이 필요하게 된다. 망명 생활에 접어들어 폭넓은 독립 운동 무대에 나서게 되자 신분을 감추기 위해 다른 이름들도 써야 했기 때문이다. 유병택(柳炳澤), 유맹원(劉孟源), 박철(朴鐵), 옥조숭(玉兆崇), 왕국금(王國錦), 윤인원(尹仁元) 따위의 가명을 쓰며 중국인 행세까지 해야 했다. 그

외에도 그는 한놈, 적심(赤心), 연시몽인(燕示夢人) 등의 필명을 쓰면서 여러 분야에서 귀중한 저술을 남긴다.

특히 〈을지문덕〉이 국한문 혼용판과 국문 전용판으로 출판되자, 책은 날개 돋힌 듯 팔려 나갔다. 외국 제국주의 세력에 잔뜩 억눌려 있던 당시, 외세에 맞서 호쾌한 승리를 거둔 장군의 이야기는 많은 독자들에게 크나큰 위안이 되지 않을 수 없었다. 위안만이 아니었다. 그것은 역사가 헤쳐 나갈 길의 제시이기도 했다.

과연 전기 소설 〈을지문덕〉은 서문부터가 민족의 피를 들끓게 했다.

슬프다. 우리 한국의 수백 년 이래 외국을 대한 역사를 볼진대, 동방에서 한 작은 무리의 도적만 들어와도 전국이 당황하여 어찌할 바를 모르고, 서편에서 한 마디 꾸지람만 와도 온 조정이 당황하여 얼굴색이 하얘지며, 그렁저렁 구차로이 지내어 부끄러움과 욕이 날로 더하여도 조금도 괴이히 여길 줄을 알지 못하니, 우리 민족은 천성적으로 용렬하고 약하여 능히 변화하지 못할까.

무애생이 가로되 아니다, 그렇지 않다. 내 일찍이 고구려 대신 을지문덕의 사적을 읽다가 기운이 넘치고 담이 저절로 커지는 연유를 깨닫지 못하여 하늘을 우러러 한번 불러 가로되 그러한가, 참 그러한가? 우리 민족의 성질에 이같은 자가 있었는가?

이어서 단재는 우리 민족이 본시 용맹 무쌍하며 성질이 강인했던 점을 을지문덕 장군을 통해 입증하면서, 그러한 우리의 민족성이 지금처럼 나약해진 이유를 역사적 사실을 밑바탕으로 하여 조목조목 열거한다.

전에는 이같이 강하더니 이제는 이같이 약하며, 전에는 어찌 그리 용맹스럽더니 이제는 어찌 그리 둔한고. 슬프다. 용의 씨로 미꾸라지가 되고 범의 종자로 개로 변하여 신성한 인종이 지옥으로 떨어지니, 이것은 과연 어떤 마귀의 장난이며 무슨 겁운(劫運)으로 지어 낸 바인가. 슬프다, 아깝도다. 자세히 궁구하면 그 이유를 알기 가히 어렵지 아니하니, 몇백 년 내로 실제에 어두운 선비의 손으로는 붓을 들면 망령돼 있어 가로되, 무공(武功)이 문치(文治)만 같지 못하다 하며, 몇십 대에 걸쳐 용렬한 대신들이 어리석게 지껄이기는, 어진 자는 작은 나라로서 큰 나라를 섬긴다 하여, 정책은 시들고 느슨하며 움츠리고 물러난 꼴이고, 백성의 기운을 꺾고 압제하기를 일삼으며, 지나간 일 중에 굳센 뜻을 굽히지 않은 것은 꺼리어 숨기고, 옛 사람은 썩은 선비와 오괴(迂怪)한 자를 존중하여, 다만 가히 부끄럽고 우스운 일과 지리하고 관계없는 말로 우리 한국의 4천년 신성한 역사를 더럽히며 웅위한 영웅을 매몰케 한 연고로다.

여기에 앞으로 단재가 역사 연구에 혼신의 힘을 다 쏟게 되는 이유가 깃들여 있다. 우리 역사는 그때그때 나라의 정권을 손에 쥔 무리들이 자기들에게 유리하도록 사실을 뒤바꿔 놓았고, 실제를 모르는 고루한 선비들의 해석에 따라 평가 또한 올바르지가 못했다. 영웅과 소인배가 뒤바뀌는 일이 부지기수였고, 사람들에게 강요된 미덕이란 것도 민족의 발전에 저해 요소가 될 뿐이었다.

단재는 그 동안 우리의 역사가 얼마나 비뚤어진 채 전해져 왔는가를 개탄하며, 결국 현재 한국의 몰락의 원인도 잘못된 역사에 있다고 주장하였다. 역사란 단순히 지나간 사실에 불과한 것이 아니다. 바로 현재를 이루는 원인인 것이다.

그는 오늘날 일본이 흥하고 한국이 망해 가는 원인이 바로 역사 연구에 있음을 들면서 서문을 끝맺었다.

원나라 장수 범문호가 일본을 침노할 때에 풍랑에 배를 엎지르고 육지에 내린 자가 3만 명에 지나지 못하였기에 일본이 승첩한 것이 그다지 기이할 것도 없거늘, 저희는 수백 년이 지나도록 역사에 칭송하며 소설로 전파하여 노래하고 읊어서 대대로 잊지 아니하게 하였는데, 우리나라는 한 손으로 독립 산하를 정돈하고, 한 칼로 백만 강적을 살퇴(殺退)한 참영웅의 자취가 이렇듯 형적이 없으니, 이것이 두 나라의 후세 강약의 분명한 원인이 아니리오.

이제 이것을 개탄하여 지나간 영웅을 기록하여 장래의 영웅을 부르노라.

문제의 책 《을지문덕》은 얼마 뒤, 그러니까 일본의 한국병탄 후인 1911년 일제 총독부에 의해 민족 의식을 고취시키는 서적이라 하여 압수와 판매 금지 조치가 내려졌다.

외국 유학의 길 뿌리치고

단재는 〈이순신전〉과 광개토대왕의 업적을 기린 〈한국의 제일 호걸 대왕〉, 호두장군(虎頭將軍) 최영을 다룬 〈최도통전〉 등을 통해 왜적을 물리치고 우리 강토를 개척한 영웅들의 활기찬 모습을 다루는 한편, 크게 실패한 인물들의 자취도 더듬어 보았다. 실패한 영웅의 전기 소설은 대부분 뒷날 망명 시절에 쓴 것들이다.

궁예(弓裔)를 새로운 각도에서 본 〈일목대왕(一目大王)의 철퇴〉를 비롯하여, 연개소문의 유년 시절을 다룬 〈갓쉰동전〉, 홍경래(洪景來)의 난을 측면에서 본 〈일이승(一耳僧)〉, 그리고 신분은 낮으나 의분이 넘치는 예쁜이가 등장하는 〈백세 노승의 미인담〉이며, 〈이괄(李适)〉, 〈박상희(朴象羲)〉 등 실패한 역사적 인물의 새로운 부각으로 비상한 관심을 모았다.

신채호는 이제 역사의 한복판으로 나아갔다. 역사의 혼과 나라의 얼을 살리는 길잡이가 되기 위해, 민족혼이 가물거리고 나라의 힘이 날로 쇠진해져 가는 당시에 그는 나라를 되살리려는 마지막 안간힘으로 역사에 뛰어들었다.

국가는 우리가 나고 자라며, 또 우리의 혼을 묻을 신성한 곳이다. 2천만 민족이 함께 살아가는 곳이며, 안락과 근심 걱정을 함께 나누는 곳이다. 나라는 큰 집과 다를 바가 없다.

단재는 1908년 7월 31일자 《대한매일신보》에서 '국가는 곧 가족'임을 외쳐 집안의 대 잇는 일이 소중하듯 나라의 맥이 끊기지 않도록 역사 의식에 투철해야 함을 호소했으며, 오늘 우리가 뿌리는 씨가 또한 우리 후손의 삶을 좌우하게 된다는 사명감을 불어넣었다.

현재 국민의 조상 되는 옛 사람이 선(善)을 심든지 악(惡)을 심든지 그 열매를 먹는 자는 다 옛 사람의 자손 되는 현재 국민이요, 미래 국민의 조상이 될 지금 사람들이 선을 심든지 악을 심든지 그 열매를 먹을 자는 역시 다 지금 사람들의 자손이 되는 미래의 국민이다. 그러므로 말하기를 '국가는 곧 하나의 큰 가족이다' 하는 바이니,……

이렇듯 나라의 운명이 어둠 속으로 깊이 빠져들고 있는 때에 단재는 언론을 통해 2천만 민중을 선도해 나가고 있었다.

그러던 하루는 대한매일신보사 배설 사장이 단재를 불러 뜻밖의 제의를 하였다.

"신 주필, 신문사 일을 웬만큼 정리한 다음 미국에 유학을 가는 게 어떻겠소?"

배설 사장은 평소 단재의 학식과 재질을 높이 사고 있던 터여서 그에게 더 넓은 배움의 길을 터주고자 했다. 그러나 단재로서는 자기 일신의 영달을 위한 유학이란 상상조차 못 할 일이었다.

"뜻은 감사합니다만, 지금 이 판국에 외국 유학이란 분에 넘치는 사치스런 일입니다. 나라가 이 지경인데 저 혼자 흡족하게 공부하겠다고 여길 떠나다니요."

"그렇게 거절만 하지 마시오. 단재 선생이 공부를 더 하면 장차 이 나라를 위해 더 큰 일을 해 나갈 수 있을 텐데…….내가 비용 일체를 대겠소. 당신은 반드시 세계적인 대학자가 되리라고 봅니다."

"나는 이미 이 겨레 이 나라와 운명을 같이할 결심이 서 있으므로 지금은 한 발짝도 움직일 수 없습니다. 사장님 후의만은 잊지 않겠소이다."

"이보오, 단재……."

"외국 유학 얘기는 없었던 걸로 하시지요."

단재의 고집에 배설 사장은 더 이상 권할 수가 없었다. 안타까운 노릇이었다. 그는 신채호를 한국의 대표적인 신문 논설 주필에만 둘 것이 아니라 장차 세계적인 석학으로 대성하도록 뒷받침할 배려를 하고 있었다. 30대의 단재에게서는 그럴 역량이 충분히 보였기 때문이다.

그러나 수난의 역사가 그를 놓아 줄 리 없었다. 역사의 고통을 한순간인들 외면할 수 없는 단재로서는 한 마디로 잘라 거절할 수밖에 없었다.

친일 악마의 신문 격파

신채호는 고통을 선택하여 희망의 불기둥을 세워 나갔다. 일찍이 고통 속에서만 희망이 용솟음칠 수 있다고 외쳤던 그가 아닌가. 그는 고통의 밑바닥에서 글을 쓰면서 황폐한 이 땅에 희망의 낙원을 세운다는 벅찬 꿈을 되씹고 있었다.

비록 외국인이었지만 한국의 독립과 주권 수호를 위해 헌신하였던 배설 사장은 1909년 5월 1일 36세의 젊은 나이로 이 멀고 먼 땅 서울에서 최후를 마쳤다. 단재를 비롯하여 그와 함께 일해 온 애국 지사들의 슬픔은 몹시 컸다. 한국의 은인으로 신문을 통한 독립 운동에 실로 잊지 못할 공을 쌓은 푸른 눈의 언론인이었다.

원래 배설은 일본에서 활약하던 무역업자에 불과했다. 그러던 어느 날 친일 영국 신문의 특파원이 되어 한국 땅을 밟으면서 그의 운명은 뒤바뀌었다. 이 무렵 민족 진영의 최고 논객이자 우국 지사였던 양기탁, 박은식, 신채호 등의 우국충정에 감명을 받으면서, 의병들의 목숨 건 항일 운동을 보면서 깨우친 바가 컸다. 곧 격동하는 역사의 현장에서 그는 완전히 새로운 사람으로 다시 태어날 수 있었다. 어쩌면 비로소 참된 자신을 발견한 것인지도 몰랐다.

이역 만리 한국에 와서 객사한 배설의 장례식은 5월 5일 많은 한국인들의 애도 속에 엄수되었다. 그의 유해는 한강변 마포 양화진(楊花津)의 외국인 묘지에 안장되었으며, 그의 죽음을 통곡하는 장지연의 비문이 새겨진 비석이 세워졌다.

한편 《대한매일신보》에서는 고인이 된 사장을 추모하여 애도 기사를 실었는데, 이때 '여상고비(如喪考妣)'라는 표현을 쓴 것이 크게 말썽이 되었다. 일진회 기관지인 《국민신보》와 이완용(李完用) 내각의 신문인 《대한신문》에서 평소 원수처럼 으르렁거리던 민족지 《대한매일신보》에 트집을 잡았다. '여상고비'라는 표현은 왕이 세상을 떠났을 때만이 쓰는 말이라며 독자 투고난까지 동원하여 연일 떠들어댔다.

그러나 일반 독자층에서까지 이를 오해하여 신보를 비난하는 한편, 신문사까지 찾아와 난동을 부리는 무리도 있었다. 가뜩이나 사장을 잃고 슬픔에 빠져 있던 신문사는 큰 곤경에 처하고 말았다.

이에 단재는 문제의 사설을 그 특유의 해박한 고증을 들어 해명할 뿐더러, 이를 중상 모략한 친일 신문에 대하여 분연히 붓을 들었다. 〈국민·대한 두 악마의 머리에 일봉(一鋒)을 가한다〉와 〈석호(惜乎)라, 우용택(禹龍澤) 씨의 국민·대한 양 마보(魔報)의 사냥개 됨이여〉 등의 논설을 통해, 그는 국민·대한 두 신문을 마보 즉 악마의 신문이라고 가차없이 질타해 버렸다.

이 통쾌한 논설로 일반 독자의 오해가 풀린 것은 물론, 그들의 친일 신문에 대한 증오를 부채질하는 결과가 되었다.

해가 바뀌는 제야(除夜)에는 밤을 뜬눈으로 지새야 한다는 전래의 풍속이 있다. 새해를 맞이하기 앞서 섣달 그믐날 밤에 잠을 자면 눈썹이 하얗게 된다 하여 어떤 일이 있더라도 잠이 들면 안 된다. 50년 전만 해도 수세(守歲)를 한다고 하여, 묵은 해를 반성하고 새해를 맞이하는 포부를 다스리며 밤을 지새우는 풍속이 살아 있을 때였다.

하룻밤만 지나면 단재도 30줄로 접어드는 날 밤이었다. 가회동에 있는 변영만의 집에는 깊어진 밤만큼이나 거나해진 술자리가 벌어지고 있었다. 이들은 이날 함께 수세를 하기로 하고 모여 술잔을 돌리며 시국담을 나누는 중이었다. 그런데 초반부터 모두들 술을 너무 과하게 마셔 이제 막 자정을 넘겼는데 눈동자들이 풀어지고 있지 않은가.

"우리가 오늘 밤 수세하기로 한 이상 무슨 일이 있어도 밤을 꼬박 새워야 한단 말일세."

단재가 먼저 나서서 다짐을 받았다.

그런데 시간이 어느 정도 흘렀을까. 다른 사람들은 간신히 잠을 물리치고 얘기를 나누고 있는데 단재 쪽에서 대답 대신 코고는 소리가 들려왔다.

"이거 봐, 단재. 수세를 이렇게 하는 법이 어디 있나?"

친구들이 그를 흔들어 깨웠다.

"아닐세. 아직 자는 건 아니야."

"예끼, 이 사람! 새해 새날을 맞이할 자격도 없군 그래!"

그러자 단재는 좀처럼 잠이 깨지 않는지 꺼져 가는 목소리로, "여보게들, 우리 잠자면서 수세합시다그려……."

하고는 다시 깊은 잠 속으로 빠져드는 게 아닌가.

다른 사람들은 어이가 없어 멋적게 웃을 수밖에 없었다. 이튿날 아침 친구들은 먼저 큰소리친 단재가 제일 먼저 잠든 사실을 두고 그를 놀리려고 하였다. 그러자 단재는 태연한 얼굴로 "상관 있소? 나는 꿈나라에서 묵은 해를 장사 지내고 새해를 맞았소이다" 하였다.

친구들은 아예 말문이 막혀 버렸다. 무슨 일에나 자신의 행동에 대해서는 그렇게 당당할 수가 없는 단재였다. 주의·주장도 좀처럼 다른 사람에게 말려드는 법이 없는 고집 불통이었다.

그렇지만 그런 일관된 면이 있었기에, 그가 학문에서나 사회 운동에서나 개혁자의 역할을 다할 수 있었다.

적극적이고 강한 고집을 가진 단재는 혁명의 칼을 빼고 나올 만한 늠름한 청년들이 이 땅에서 많이 나오기를 대망하였다. 재래의 낡고 썩어빠진 도덕이나 윤리를 불살라 없앨 수 있는 과단성을 지닌 청년들이 나와 이 나라에 새로운 철학을 세워 주기를 희망하여, 계속 《대한매일신보》의 논설난을 메워 나갔다.

걸림 없는 '단재절로'의 길

나라의 어려움을 극복하려면 영웅의 힘이 필요하다. 하지만 신민회 활동을 비밀리에 해 나가면서 단재는 새로운 백성, 곧 신민(新民)의 단결된 힘을 더욱 중요하게 여겼다. 한 나라를 이끌어 가는 원동력이 이제 한두 영웅에게 있다기보다 근대 국가의 핵심체인 국민 전체에게 있다는 발견이었다.

> 무릇 20세기의 국가 경쟁은 그 원동력이 한두 사람에게 있지 않고 그 국민 전체에 있으며, 그 승패의 결과가 한두 사람에게 말미암지 아니하고 국민 전체에 말미암아서……

이러한 단재의 사상은 매우 선각자적인 것이 아닐 수 없다. 아직도 봉건 왕조 체제 아래 복종만이 미덕으로 강요되고 있던 당시에, 국민들 스스로가 주체적으로 일어서야 한다는 주장은 획기적인 논리였다. 세계사의 흐름에 비추어 볼 때 단재의 자각은 지극히 자연스러운 것이었다.

따라서 신국민이 새 나라의 추진 세력임을 밝힌 신민회 운동은 이 나라 시민 운동의 첫출발이었다. 신민회 이론가이자 대변인인 단재는 시민 정신의 구현으로 자유롭고 평등한 나라와 사회를 만들려는 대열에 앞장섰다.

대표적인 신민(新民) 신채호는, 그러나 무심도인(無心道人)처럼 일상 생활에서는 멋대로 살기를 서슴지 않았다. 독서와 연구에서 보이는 다부짐과는 달리, 일상 생활에서는 다시없이 허술한 편이었다. 외모나 옷차림에 도무지 신경을 쓰지 않아 늘 추레한 모습이었고, 성격 또한 허식이나 겉치레가 없었다. 솔직하고 소탈하여 사람들은 언제든지 그를 어렵지 않게 대하였다.

그는 신문사에 출근할 때는 물론 어떤 모임에 초대되었을 때도 그 낡은 검정 두루마기를 벗지 않았다. 사실 생활이 쪼들려 옷을 새로 마련할 형편도 못 되었지만, 그보다는 스스로가 전혀 외모에 신경을 쓰려고조차 하지 않았던 것이다. 자기 발보다도 더 큰 짚신을 질질 끌다시피 하고 다니면서도 신발끈을 졸라맬 생각조차 하지 않을 정도였다. 생활에 초연한 어진 사람의 자태가 여실했다.

하얀 얼굴에 까만 수염이 코밑을 덮고 있는 풍모와 초라한 옷차림은 매우 기이한 느낌마저 주었다. 그런데다 그의 괴팍한 성격과 행동 또한 곧잘 주변 사람들의 화제거리가 되곤 했다.

어느 날 벽초(碧初) 홍명희(洪命憙)가 한밤중에 우연히 단재의 집 앞을 지나게 되었다. 벽초는 은근히 호기심이 나서 그의 방을 슬그머니 들여다보았다. 그러더니 그만 아연 실색하여

할 말도 찾지 못하고 엉거주춤 문을 도로 닫고 나와 버렸다. 단재가 덮고 자는 이불이 더럽고 남루하기 이를 데 없는 상거지 보따리 같아서였다. 걸인이라도 덮기를 꺼려할 이불을 덮고 단재는 편안히 잠들어 있는 것이었다.

이튿날 벽초는 다른 친구에게 이런 사실을 얘기했다.

"단재처럼 지저분한 사람을 미국 유학이라도 보냈다가는 분명히 한국 망신만 시킬 뿐이오."

이 때는 배설 사장이 단재에게 한참 미국 유학을 권유하고 있을 무렵이었다.

친구가 벽초의 말을 단재에게 전하면서, "어찌해서 그런 더러운 이불을 덮고 자나? 전에 보니 이불이 그처럼 험한 것 같지는 않던데" 하고 귀띔했다. 그러자 단재는 벌컥 화부터 냈다.

"벽초는 내가 미국 가는 걸 시샘하는 모양이오. 자기도 가고 싶겠지. 하지만 나는 외국 유학이 조금도 내키지 않아 승낙을 하지 않고 있는데, 그걸 뻔히 알면서도 행여나 가지나 않을까 험구까지 늘어놓고 다니는구만. 졸장부 같으니!"

마침 경부 신백우가 곁에 있어서 단재의 누더기 이불에 대한 사연을 들을 수 있었다.

며칠 전, 움막집에서 병든 팔순 노모를 모시고 가난에 허덕이는, 단재와 이웃해 사는 딱한 날품팔이꾼 얘기를 듣고 경부가 쌀을 한 되 사들고 찾아갔다. 이때 단재가 함께 갔다. 다른 물건을 사줄 돈이 있을 리 없어서 그냥 따라갈 수밖에 없었다. 그는 병든 노인이 덮고 있는 이불을 보자 너무 안쓰러웠다.

"저 이불로 병약한 노인이 어떻게 추운 겨울을 지내겠나. 내 이불하고 바꿨으면 좋겠는데…… . 내 것은 제법 두툼하거든."

"그거야 단재가 알아서 할 일이지 내가 관여할 바가 아니지 않소."

사실 단재가 이처럼 망설이는 데는 다른 이유가 있었다. 단재 자신도 덮고 잘 만한 변변한 이불이 없어 경부가 사다 준 터이므로, 이불의 주인인 그의 허락을 받고자 마음을 떠본 것이었다. 경부는 단재보다 나이는 어리지만 촌수로는 대부(大父) 뻘이 되는 사이였다.

"내 이불은 대부가 해다 준 것이니, 해다 준 사람과 덮는 사람이 다르다뿐이지 아직 이불 임자는 대부가 아니오?"

"무슨 말씀이시오? 이미 내 손을 떠난 이상 그것은 단재의 이불이니 단재가 알아서 쓸 일이오."

이렇게 하여 경부의 양해 아래 단재는 자신의 이불과 누더기 이불을 바꿀 수 있었다. 푹신한 이불 속에서 누더기 이불을 덮고 있을 병든 노인 생각에 불편한 잠을 이루느니보다,

거렁뱅이 이불 아래서라도 편안한 잠을 이루는 게 그로서는 한결 나았다.

그는 자신이 원해서 하는 일에는 전혀 남의 이목을 개의치 않았다. 이가 설설 기어다닐 것 같은 누더기 이불을 덮고도 안락한 잠을 이룰 수 있는 그 배포가 그랬다.

단재의 이러한 면은 곳곳에서 발견되어 사람들을 당황케 했다.

하루는 친구에게 끌려서 목욕탕에 갔는데, 탈의실에서 또다시 기막힌 일이 발생했다. 옷을 벗을 때였다. 단재가 진홍색 여자 내의를 입고 있는 게 아닌가.

"선생! 이게 도대체 무슨 변괴시오? 이건 여자 내의가 아닙니까! 원, 이럴 수가……."

친구가 하도 기가 막혀 말을 잇지 못하자, 단재는 별로 창피해 하는 기색도 없이,

"이게 여자 거요? 그걸 내가 알 길이 있나? 일전에 어느 점포를 지나다가 보니 하도 빛깔이 곱기에 무심결에 그냥 사 입었을 뿐인데……."

하고는 유유히 욕실로 들어가 버렸다. 오히려 그 친구만 얼굴이 빨개졌다. 탈의실 안에 있던 다른 사람들 보기에 민망스러워 황급히 단재를 따라 탕으로 들어가 부끄러움을 대신 닦아

내기 바빴다.

어떻게 하면 역사의 뿌리를 제대로 찾을 것인가? 어떻게 해야 나라를 제대로 일으켜 세울 것인가? 신채호의 머리 속은 이런 생각들로만 꽉 차 있었다. 의식주 따위는 차라리 문제 밖이었다.

어떤 때는 한 발에는 양말, 다른 발에는 버선을 닥치는 대로 신고 있을 만큼 일상 생활과 담을 쌓다시피한 단재였다.

"무슨 일인가? 단재, 어쩌자고……."

누가 정색이라도 하면 빙그레 웃음지을 뿐 좀처럼 말대꾸가 없었다.

애국을 앓으며 우국을 신음하기에 경황이 없는 그였다. 언론으로 사론으로 구국의 지름길을 찾기에 혼령(魂靈)마저 불태우는 단재에게 빈틈없는 일상 생활이란 한갓 거추장스런 절차일 뿐이었는지 모른다. 나절로, 너절로도 아닌 오직 '단재절로'였던 성싶다.

비장한 사관 〈독사신론〉

역사를 바르게 알면 나라를 살리는 비상한 활력이 된다. 신채호는 갈수록 비장한 각오와 결의를 되새겨 나갔다.

나만 사는 길이 아니라 우리 모두가 사는 길이 문제였다. 국민 전체의 생존에 역사처럼 큰 힘을 지닌 정신의 자원이 다시 있지 않았다.

백골을 태백산만큼 드높이 쌓으면서라도 적의 나라와 싸워서 반드시 주인으로 살도록 하는 것만이 민족의 살 길이었다. 설혹 명예가 남아 있다 하더라도 노예에게는 생존이라는 것이 없음이 분명하다.

육신은 비록 죽어 없어져 백골을 산같이 쌓아 놓는다 하더라도 정신의 삶처럼 영원히 사는 길이란 달리 찾을 수 없다. 나라와 민족에 이로운 일이라면 육신을 바쳐 정신부터 살려야 한다.

왜적에 의한 나라의 몰락 과정을 지켜 보면서 역사 연구에 몰두하고 있던 단재는 한국의 식민지화 위협이 날로 짙어 감에 따라 더욱 비장해지지 않을 수 없었다. 그는 우리의 생존을 역사 속에서 찾으려 했다. 고려의 쇠퇴와 조선 왕조 멸망의 원인을 캐보면, 우리에게 이익이 되는지 해가 되는지는 따지지 않고 옳고 그름만 찾다가 결국 약삭빠른 다른 민족의 침략을 받아 나라가 기우는 결과가 되고 말았다.

그래서 단재는 우리 민족이 무엇보다 이해에 밝아야 살아 남을 수 있다고 썼다.

을사조약은 5천년 역사가 빛을 잃고, 2천만 민족이 불 속에 들어가는 첫걸음이다. 이 때를 당하여서는 우리의 회복뿐이며, 우리의 존망뿐이다. 무슨 시비가 있을 때이오마는, 이 때에 어떤 이가 참정대신 한규설(韓圭卨)을 보고 위급한 상황을 말하고 "어전 회의에 열국(列國) 공사를 초청하여 회담을 열어 일본인의 간사한 싹을 꺾자" 하자, 한규설이 말하기를 "나는 천자의 대신으로 망국할 조약에 결코 응낙하지는 않겠으나, 서양을 끌어 동양의 일에 참여하게 함은 일본인의 공론에서는 옳지 않는 것으로 배척될 것이니, 어전의 열국대사의 회의는 할 일이 아니다" 하였나니, 아! 생존을 유지하기 위하여 시비는 묻지 않고 이해만 본다면 매국자도 일신의 생존을 위함이요 정탐군도 일신의 생존을 위함이니, 이도 죄가 없다 할 것인가. 아니다. 아니다.

이른바 나의 생존은 개인의 생존이 아니라 전체의 생존이며, 육체의 생존이 아니라 정신의 생존이니, 개인과 육체의 생존만 알면 이는 금수요, 전체와 정신의 생존을 알아야 이를 사람의 생존이라 하나니, 개인의 생존만 구하다 전체가 죽어 없어지면 개인도 따라 죽을 것이니, 그러므로 개인을 희생하여서라도 전체를 살려야 한다. 실체의 생존만 구하다가 정신이 죽어 없어지면 쓸데없는 한 조각의 가죽만 남으니 무엇이 귀하겠는가. 그러므로 역사는 적국과 싸우다가 전국민이 백골을 태백산만큼 높이 쌓아놓고, 명예의 멸망을 할지언정 노예되어 구차히 살고자 하지 아니하니, 구차히 사는 삶은 생존이 아닌 까닭이다.

이 〈이해〉라는 글 속에는 단재의 정신이 알차게 살아 있다. 언론 항쟁의 선두에 선 단재는 논설 기자나 문제의 저술가로서만이 아니라, 역사가로서 문화계의 일등 공신이기도 했다.

그는 한에 맺힌 사학가로서 우리 역사 전개의 새로운 장을 열었다. 〈독사신론(讀史新論)〉이 그것이었다.

일편단생이란 필명으로 1908년 8월 27일부터 그 해 12월 13일까지 《대한매일신보》에 장기 연재한 이 글은 한국 고대사 연구의 방향과 관점을 새롭게 제시한 최초의 성과였다.

그 동안 중국 위주로 쓰여 왔던 거짓된 역사를 완전히 뒤엎고, 민족주의 사관에 입각하여 역사를 새로 정리했다. 김부식(金富軾)이 쓴 《삼국사기(三國史記)》 같은 책은 가짜 역사의 수라장이었다. 나라를 이루는 이상 사면 팔방이 모두 자기 강토를 넓히려 하는 적의 나라들뿐인데, 어찌하여 적이 옳다 하는 것을 다 옳다 하며, 그르다 하는 것을 다 그르다 하는가.

왕조 사관을 끝막음하며 시민 사관을 제창한 이 글을 통해 그는 당시 학부(學部)에서 펴낸 국사 교과서의 오류와 사대·식민주의적 사관에 대해 통렬한 비판을 가하였다.

〈독사신론〉은 발표되자마자 학계의 비상한 관심을 끌기 시작했다. 글 서두에서 단재는 〈독사신론〉의 탄생이 마치 일편 단생 자신의 새로운 탄생인 양 흥분과 경건함을 보였다.

많은 희망과 큰 슬픔을 함께 하여 너를 이 세상에 보내노라. 원하노니 오래 살아라. 큰소리 치라. 유수(流水) 같을지어다.

그리고 이어서 그는 국가와 역사관을 밝히면서 서론부터 써 나갔다.

국가의 역사는 민족의 성함과 쇠함의 상태를 살펴 써 나간 것이다. 민족을 버리면 역사가 없을 것이며, 역사를 버리면 민족의 자기 나라에 대한 관념이 없어질 것이니, 아, 역사가의 책임이 또한 무겁구나.

비록 그렇다고는 하더라도 고대의 역사가 동양과 서양을 막론하고 일반적으로 유치하여서, 중국의 사마천(司馬遷)이나 반고(班固)의 저술들이 일개 가문의 족보를 전하는 것이요, 서구의 로마, 애급에 대해 기록한 책들이 한 편의 재난과 이변의 기록이 아닌 것이 없다. 그러한즉 우리나라 옛 역사도 어찌 지금의 새로운 눈으로 준엄하게 따질 만한 것이겠는가마는, 단 지금 한 편의 새로운 역사를 지어 냄이 더디니, 내가 놀라움을 금치 못하노라.

국가는 민족 정신으로 구성된 유기체이므로, 단일한 피를 가진 종족으로 이루어진 국가는 말할 것도 없고 여러 종족이 복잡하게 모여 이루어진 국가라도 반드시 그 가운데엔 항상 주동이 되는 특별한 종족이 있어서 이들에 의해 그 나라가 나라답게 되는 것이다. 만약 소반 위에 모래를 뿌리듯이 동쪽에서 온 종족도 여기에 모이고, 서쪽에서 온 종족도 여기에 모이고, 남쪽·북쪽에서 온 종족도 여기에 모여서, 서로 자기가 제일이라고 서로 다른 생각을 가질진대, 이렇게 되면 하나의 추장 정치도 견고하게 할 수 없으며, 마을에 하나의 단체도 완전하게 세울 수가 없을 것이니, 하물며 국가를 건설한다는 문제야 어떻게 얘기할 수 있겠는가.

그는 국가를 '민족 정신으로 구성된 유기체'라고 하여, 일민족 일국가의 원칙을 세웠다. 즉 여러 민족이 뒤섞였다 해도 그 중 주동이 되는 일민족이 있어 그들로 해서 국가가 이루어진다고 하였다.

정신 문화재 단재의 큰 힘

민족을 소생시키는 역사가의 사명을 스스로 깨닫고 역사개혁에 뛰어든 단재는 우리 한민족으로 국가를 이뤄 온 주동적 종족을 찾는 일이 시급했다. 그런데도 지금까지 전해지는 역사는 민족 주체성 확립이라는 가장 중요한 사실과 관계되는 주동적인 민족을 찾는 일에서조차 숱한 잘못을 저지르고 있었다.

내가 요즘 각 학교 교과용 역사를 보건대, 가치 있는 역사가 거의 없도다. 제1장을 펼치면 우리 민족이 지나족(支那族)의 일부인 듯하며, 제2장을 펼치면 또 선비족(鮮卑族)인 것 같기도 하고, 마침내 전편을 다 읽고 나면 어느 때는 말갈족(靺鞨族)의 일부인 듯하다가 어느 때는 일본족의 일부인 듯하니, 오호라, 과연 이러하다면 우리 수만 방리의 토지가 남쪽과 북쪽 오랑캐의 수라장이며…… 이들 역사로 역사라 한다면 역사가 없음만 못하다…….

역사의 붓을 든 자는 반드시 그 나라의 주인되는 한 종족을 먼저 나타내어 이를 주제로 삼은 후에, 그 정치는 어떻게 긴장·완화되었으며, 그 실업은 어떻게 번창·정체되었으며, 그 무력은 어떻게 진퇴하였으며, 그 습속은 어떻게 변이하였으며, 그 바깥의 각 종족을 어떻게 흡입하였으며, 그 다른 나라들을 어떻게 교섭했는지 서술하여야 비로소 역사라 말할 수 있다. 만일 그렇지 않다면 이것은 무정신(無精神)의 역사라. 무정신의 역사는 무정신의 민족을 낳으며, 무정신의 국가를 만드니, 어찌 두렵지 않 겠는가.

단재의 〈독사신론〉은 인종과 지리를 다룬 서론에 이어, 제1 편 상세편(上世篇)에서 제1장 단군 시대를 시작으로 부여·고 구려·백제·신라 등의 흥망을 차례로 다루었다. 곧 우리 한 민족 주체 역사의 발전 과정이었다.

제9장에 오면 삼국 통일 과업을 달성한 김춘추(金春秋)에 대 한 또 다른 평가, 즉 그의 죄상을 낱낱이 들어 식자층을 놀라 게 했다. 외국의 힘을 빌어 제 동포의 피를 흘려가며 이룬 삼 국 통일은 다시 생각해 볼 여지가 충분했다.

그리고 제10장에서는 발해를 다루고 있다. 김부식은《삼국 사기》에서 발해를 남의 나라로 보아 역사에서 빼버렸다. 고구 려의 유민 대조영(大祚榮)이 세운 발해를 한민족이 세운 나라 가 아니라고 한 김부식은 역사를 모르는 문외한이든가 아니 면 중국 사대주의의 심부름꾼밖에 더 되겠는가.

이러한 이유들로 단재는 역사 연구에 더욱 박차를 가하였다.

나는 우리나라의 역사 연구가 유치한 것을 한탄하여 스스로 의 재주와 학식이 없음을 돌아보지 아니하고 역사 서술에 연연하 였으나, 세상일에 골몰하여 여가가 전혀 없을 뿐만 아니라 옛 기록이나 유문(遺文)을 수집하는 일이 너무 어려워 한 자루의 짧은 붓으로 주저하고 흥분할 뿐이더니, 날마다 변하는 시국의 변천에 따라 나의 머리에 자극됨이 더욱 심하였다. 내가 깨달음의 도를 즐기는 것은 아니나, 또한 어찌 깨달음의 명을 피하겠는가.

남보다 앞서 가는 사람들의 어려움은 아무것도 없는 빈터에, 혹은 기존의 것을 허물어뜨린 터전 위에 모든 것을 새로 세워야 하는 데 있다. 그것은 캄캄한 어둠 속을 더듬어 가는 일과 같다. 단재는 신념의 심지를 돋우어 꺼지지 않는 불빛을 마련했다. 파묻혀 버렸던 조국 역사의 광명을 다시 빛나게 하기 위해 그는 희망의 등대가 되고자 앞에 나섰다.

단재는 남다른 천재였다. 두뇌 조직이 워낙 출중한 것만으로도 희망의 백과전서인 셈이었다. 그 누구도 단재를 뛰어넘을 기억력을 지닌 사람은 없었다.

《대한매일신보》에 근무하던 어느 날이었다. 일과를 마치고 삼청동 집으로 가던 중에 그는 갑작스런 소나기를 만났다. 아무리 시속(時俗)에 초연한 단재지만 비가 억수로 퍼붓는 마당에 태연 자약할 수만은 없었다. 길가 추녀 밑으로 비를 피하러 들어갔다. 비가 좀처럼 멎지 않아 꼼짝도 할 수 없었다.

그 집은 제법 큰 집이어서 추녀 밑에 쭈그려 앉은 그에게

빗물이 튀지는 않았다. 한참만에 주인 영감이 대문 밖으로 나와, "비가 쉬 갤 것 같지 않으니 사랑으로 들어와 쉬었다 가시죠" 하였다.

개벽(開闢)이라도 하려는 듯 비는 더욱 세차게 퍼부어댔다. 단재는 주인을 따라 사랑채로 들어갔다.

사랑 서재에는 꽤 많은 책들이 쌓여 있었다. 거의 대부분이 이미 읽은 책들이나, 그 중에는 전혀 읽어 보지 못한 책들도 없지 않았다. 제목들을 훑어 나가던 중 단재의 눈에 번개 같은 빛이 서렸다.

문제의 책을 펼치자마자 단숨에 십여 장을 넘기며 독서삼매(讀書三昧)에 빠져들었다. 비는 이제 안중에 없었다. 5백 면이 넘는 큰 책의 1백 면 정도를 읽어 내려갔을 때 저녁상이 들어왔다.

"무슨 책을 그리도 몰두하여 읽으시나요? 식사라도 하면서 계속하시죠."

주인의 권유에 마지못해 밥상 앞에 앉으면서도 눈은 책에서 떠나지 않았다.

저녁 식사를 몇 술 떠 넣으며 단재가 한 마디 한다.

"주인 어른, 이 책은 참으로 진서(珍書)요. 이 댁밖에는 없는 책입니다. 한번 통독하려 하니 편의를 보아 주시오. 그런데

이 진서는 잘 보관해야 하겠소이다. 이 댁이 아니고는 좀처럼 볼 수 없는 진귀본이니까요."

밥상을 언제 물렸는지 밤도 꽤나 깊었다. 주인 영감도 깊은 잠에 빠져 코를 골고 있건만, 단재는 오직 책만 보고 있을 뿐이었다.

새벽 닭이 울고 먼동이 터 왔다. 햇살이 동창을 밝히고 얼마 뒤 조반상이 들어왔다. 세수를 하는 둥 마는 둥 마치고 밥상을 대하면서도 단재는 여전히 책의 글자에서 눈이 떠나질 않았다.

그렇게 하여 아침 나절에야 순 한문투성이의 책 한 권을 완전히 독파할 수 있었다. 그 댁을 물러 나와 신문사를 향하면서도, "이 책만은 고이 간직해 두십시오. 이 댁에만 있는 국보급 사책(史冊)입니다" 하는 말을 되풀이하는 신채호였다.

그 몇 달 뒤, 그 집이 그만 화재를 당했다는 소식이 들려왔다. 그 날 퇴근길에 단재는 곧장 그 집으로 달려갔다. 주인댁의 화재에 대해서 물어 볼 겨를조차 없이 주인을 만나자 다짜고짜로, "지난번 그 책은 어찌 되었소?" 하고 묻기부터 했다.

"책이라니요? 우리 집 식구들이 가까스로 목숨을 건졌을 뿐, 가재도구 하나 제대로 건진 것이 없소이다. 그 책 역시 선비어른의 말을 염두에 두지 않았던 바 아니지만 다 불타고 말았습니다.

"저런! 이 일을 어떡한담? 세상에 한 권밖에 없는 책이었는데요."

"그러니 어떻게 하겠습니까. 그 귀중한 문헌을 다시 살려 책으로 만들 도리도 없는 일이고……."

이때 단재가 정중하게 입을 연다.

"주인장. 그 책은 비록 불타서 없어졌지만 그 내용은 되살릴수 있을 법하오. 내가 그 날 밤 읽은 줄거리를 기억하는 이상책을 복원(復元)해 보리다."

"네에?"

주인은 의아해 하면서 붓과 먹을 가져오고 창호지를 단재앞에 펼쳐 놓았다.

그의 기억력에 따라 한문 원전의 책은 며칠 만에 복원될 수있었다. 《대한매일신보》주필 단재의 천재적 능력이 아낌없이 발휘되어 문헌 한 권은 거의 원본대로 다시 쓰여지기에 이르렀다.

"단재 선생은 과연 인간 아닌 귀신이구려!"

이러한 칭송 속에서 그는 계속 신필(神筆)을 휘둘러 나갔다.

이토록 출중한 수재인 단재의 생존은 그 혼자만의 생존이아니었다. 민족 정신의 끝없는 생존이 아닐 수 없었다. 외세에 짓밟힌 민족 전체의 생존일 뿐만 아니라 사회 내부의 어둠에 시달려 삶다운 삶의 길이 거의 막혀 버린 대다수 민중의 절실한 생존이었다. 그러한 역사 전개과정 자체가 질풍 노도였다.

제국주의의 침투와 봉건 왕조의 황혼을 지켜 보며, 그의 인생길과 이론 정립은 필연적으로 혁명가적 구국 항쟁에 쏠리지 않을 수 없었다.

문학의 개조 뜨겁게 내세워

단재는 비단 역사 연구 한 가지에만 묻혀 있지 않았다. 그는 일찍부터 국어와 문학 등에도 폭넓은 관심을 보여 왔으므로, 당시 새롭게 대두된 문학의 풍조에 대해서도 일가견을 내놓았다.

신소설과 시체시가 등장하여 널리 읽히고 있었지만, 힘찬 신사상을 지니고 있기는커녕 인심 풍속만 어지럽히는 재미 위주의 연애 얘기만 요란할 뿐이었다. 나라의 얼과 민족의 의기를 진작시켜 나가려는 노력은 하지 않고, 밀려 들어온 외국 문학의 흉내나 내며, 역사를 좀먹고 있었다. 정작 현재 우리가 처한 가장 중요한 문제에 대해서는 외면한 채, 한가한 이야기거리나 늘어놓는 문학을 두고 어찌 그 본래의 사명을 다 한다고 볼 수 있겠는가.

이름을 밝히지 않거나 다른 필명으로 《대한매일신보》에 국문시와 한시 등을 때때로 발표하기도 했던 단재는, 그 정도만으로는 문예 혁명이 불가능하다고 생각했다. 그래서 1909년 11월부터 12월까지 두 달에 걸쳐 〈천희당시화(天喜堂詩話)〉라는 문학 개조의 놀라운 이론을 이 신문에 발표하였다. 그는 여기서 문학의 사명은 단지 독자의 흥미만을 충족시키는 데 있는 것이 아니라 국민의 정신을 계도하는 데 있음을 분명히 했다.

시(詩)란 것은 국민 언어의 정화(精華)다. 그러므로 강인한 국민은 그 시부터 강인하며, 글만 받들어 나약한 국민은 그 시부터 문약(文弱)하니, 한 나라가 잘 다스려지고 강성해지는 것은 대개 그 나라의 시에서 가능할 수 있으며, 그 나라의 문약을 돌이켜 강무(強武)해지고자 한다면 무엇보다 그 문약한 나라의 시부터 개량할지라.

……시가 열렬하고 호탕하면 전국이 그러할 것이며, 시가 음탕하면 전국이 음탕할지며, 그 시가 유약하면 전국이 유약할지며, ……대시인이 즉 대영웅이며, 대시인이 즉 역사상의 한 걸물(傑物)이라.

시다운 시가 읽히며 애송되지 않고, 나라의 어려움을 극복해 나갈 작품은 나오는 일이 없으며, 보잘것 없는 잠꼬대나 일삼는 시가(詩歌)들만 쏟아져 나오기 바쁘다.

이탈리아 시성(詩聖) 단테는 그 붓끝에서 건국의 아버지 마치니를 낳았건만, 고려 중기 임춘(林椿) 같은 대시인의 작품은 거의 잊혀져 왔을 뿐이다. 더욱이나 고려 말 최영장군의 우렁찬 시조에도 관심이 없고, 쓰잘데없는 도피의 정서만 북돋고 있어서 나라가 망하기에 이른 딱한 꼴을 면치 못하고 있다.

절실하기 이를 데 없는 세계를 노래하거나 혁명을 읊조릴 기력마저 쇠미해져 간다. 나라가 망하도록 작품 세계가 시들어 가는 때에 접어들어, 국민 정신은 이제 바람 앞의 등불처럼 가물거리고 있지 아니한가.

슬프다. 밖으로 시가 우리나라에 아주 번성한다 하지만, 안으로 내용을 살피면 우리나라 시가 망한 지 이미 오래라 할지라. 시가 망하였는데 국민의 사상이 어떻게 고상하며, 국민의 정신이 어떻게 결합하리오. 오늘날 우리가 당하고 있는 현실도 그러한 시 아닌 시로 시를 이루었다 함도 또한 옳구나.

간절히 바라노니, 오늘 나라의 앞날을 걱정하는 지사여, 반드시 시도(詩道)를 진흥함에 유의할지라.

그는 나약한 서정을 다룬 시를 망한 시라고 서슴없이 진단하였다. 건장하고 굳세며 알찬 시, 어두운 현실을 밝혀줄 개혁의 시가 이제 나와야 한다. 영웅적인 시, 혁명 철학을 담은 작품이 나와야 할 때였다. 그러자면 역사 속으로 돌아가야 할 일이었다.

역사 앞에 떳떳한 시 작품이 나오기를 단재는 애타게 기다리고 있었다.

신채호는 또한 당시 소설의 추세에 대해서도 날카롭게 비판하고 나섰다. 그 무렵 이완용의 비서 이인직(李人稙)이 일본과 손잡고 근대화를 해야 한다며 많은 신소설을 발표했지만, 이들은 한결같이 위기에 처한 나라의 현실을 외면하고 있었다. 뜻있는 사람이라면 탄식하지 않을 수 없는 일이었다.

오호라. 소설은 국민의 나침반이라. 그 말이 속되고 그 붓이 교묘하여 목불식정(目不識丁)의 노동자라도 소설을 능히 읽지 못할 자 없으며 또 좋아 읽지 아니할 자 없으므로, 소설이 국민을 강한 데로 이끌면 강하고 소설이 국민을 약한 데로 이끌면 국민이 약하며 간사한 데로 이끌면 간사하나니, 소설가 된 자는 마땅히 스스로 삼가하여야 할 텐데, 오늘날의 소설가들은 음탕한 짓을 가르치는 일을 주로 하고 있으니, 장차 이 사회가 어찌 되리오.

그는 〈소설가의 추세〉라는 글을 통해 이처럼 의식 없는 신소설이 국민 정신에 끼칠 폐해를 크게 우려해 마지않았다.

시·소설 어느 분야의 작품이든 민기(民氣)를 떨쳐 국력(國力)을 쌓는 주춧돌이 되어야 할 일이었다. 굳건한 힘이 되어야 할 일이었다. 굳건한 힘이 되어 주기는커녕 망하여 쓰러져 가는 탄식이나 일삼는가 하면, 숨막힐 듯한 현실을 완전히 외면하는 가운데 한갓 재미있는 이야기로 독자를 우롱하기 일쑤여서, 그는 문학의 개조를 뜨겁게 바라고 있었다.

교육계·종교계에도 각성 촉구

신채호의 국어에 대한 애정은 참으로 남다른 데가 있었다. 계몽 운동 시절 온갖 반대를 무릅쓰고 한자 폐지를 주장할 정도로 그는 우리 한글을 널리 쓰고자 했다. 비단 널리 쓰는 데만 그치지 않고, 국문의 가치를 널리 알려 바람직한 문화를 일으키는 열성도 보였다.

이 시기에 그가 발표한 〈국한문의 경중(輕重)〉, 〈문법을 의통일(宜統一)〉, 〈국문연구회 위원 제씨에게 권고함〉, 〈국문의 기원〉 등의 논설은 모두 우리 국어의 자주성과 우수성을 깊이 인식하고, 민족 언어인 한글의 가치를 널리 알리고자 한 글이었다.

한편 국어·문학에 대한 민족적이고 선구적인 주장과 함께, 그는 종교·교육·도덕에 대하여 탁월한 애국적 계몽논설을 많이 발표했다.

교육에서 남녀 평등이 제대로 실시되지 않는 현실에 화살을 겨누는가 하면, 마구잡이로 들여온 국적 없는 신교육과 애국 자체를 아주 없애 버리려는 당국의 교육 정책에 대하여 직언을 서슴지 않았다.

그는 또 당면한 나라의 문제를 해결하기 위한 방도로써 종교에까지도 과감한 비판을 가하였다. 이 나라 지도층의 압도적인 수를 차지하는 유림(儒林)에 대해서도 유교의 본래 뜻은 충군 애국과 세상을 구하는 데 있음을 상기시키면서 그들이 취해야 할 도리를 알렸다. 또한 일제에 협조하는 대동학회(大東學會)와 일진회 회원이 된 매국 유림에 대해서는 준엄하게 경고도 했다.

단재는 또 〈유교계에 대한 한마디〉란 논설에서 유교 자체에 대한 개혁을 촉구했다. 유교계가 과감한 자기 반성과 체질 개선을 통해 국권 회복을 위한 애국 운동을 실천하는 종교로 변화해 줄 것을 시급히 요청했다.

그는 승려들에 대해서도 호국 불교의 역할을 강조하면서,

당시 우리 불교계에 일본 승려가 침투하고 친일 매국승이 활개를 치는 현실에 대해 걱정하며, 구세주의와 국가주의적 입장에서 친일 세력을 분쇄하고 애국 운동에 동참할 것을 호소했다.

　불교 대대로 전해 내려오는 구세주의을 잊지 말며, 한국 불교 특색의 국가주의를 잊지 말며, 새로운 세계의 지식을 흡수하여 일체 사업을 외국 승려에게 내어 맡기지 말고, 대웅(大雄) 대무외(大無畏) 대진보할지어다.

나라의 관념이 없다든지 겨레 사랑의 생각이 옅은 종교는 어려운 시대를 구제할 수 없다. 곧 큰 나를 위할 줄 모르고 작은 나만을 건지려는 종교는 나라와 겨레에 등을 돌리게 마련이다.

새 교육을 통하여 선비와 스님들이 아무리 많이 나온다 하더라도 나라의 오늘과 내일을 밝힐 수는 없다. 어려운 나라, 기울어 가는 나라를 살리는 데 종교의 몫이 있다고 단재는 굳게 믿었다. 무엇보다 단재는 의도적으로 애국 · 자유 · 독립 등의 문자를 쓰지 못하도록 강요하는 당시 학부(學部)와 일부 교육계 인사들의 식민지적 교육 방침에 대해 맹렬히 공격하였다. 그들은 자주 독립 사상을 가르쳐야 하는데도 오히려 노예 사상을 가르치고 있었다. 그는 국민의 애국심을 길러 주는 교육만이 이 시대의 진정한 교육의 자세임을 말하였다.

애국 애국 하는 소리가 막 태극기 부러지려던 전후 수년 사이에는 거의 전국 교육계에 들렸더라. 이 소리 밑에서 난 애국자가 몇몇이던가. 민충정공―을사의 칼은 옛 대신의 보은(報恩)의 유풍이요, 최면암(崔勉菴)―대마도의 돌은 오백 년 유고의 여향(餘響)이요, 하얼빈의 총과 헤이그의 피와 이강년, 민긍호, 허위, 이은찬(李殷贊) 등의 제선열(諸先烈)도 또한 귀에 젖고 눈에 물든 삼강 오륜의 화택(花澤)에서 나신 이들이지 애국을 부르던 신교육계의 교육을 받아온 이들이 아니니라. 애국의 소리가 높던 신교육계의 애국 인물이 도리어 애국 소리가 드물던 구교육계만 못함은 그 까닭이 어디 있느뇨, 만일 신교육이 구교육만 못하다 하면 이 천지를 뒤집어 태고로 돌림이 가하고, 신교육이 구교육보다 낫다 하면 그 성과가 이다지 못 미치니 그 까닭이 어디 있느뇨.

민영환의 자결, 최익현의 항일 순국, 안중근의 의거, 이준의 순절(殉節), 이강년·민긍호·허위·이은찬의 의병항쟁……

이 모두가 구교육의 성과일 뿐 새로운 교육에 의한 애국 투사는 아직 나타나지 않고 있다. 신교육이 내세우는 국가 윤리와 사회 윤리를 다시 살펴볼 필요가 있었다.

만년 청년의 기상으로

그런데 신교육의 성과도 서서히 드러나고 있었다. 1909년 6월 어느 날 봉명학교(鳳鳴學校)에서 학생들이 집단으로 자퇴하는 일이 벌어졌다. 이 일로 사회는 발칵 뒤집혔다.

사건의 발단은 봉명학교의 교주(校主)가 일본인 관광단을 환영하기 위해, 학생들을 강제 동원하여 대대적인 환영행사를 벌이려 했던 데서 비롯되었다. 일본인에 대한 교주의 아첨에 학생들은 분연히 들고 일어섰다.

"우리는 대한 제국의 남아다. 아무리 교주의 명령이 엄하고 학감의 위협이 있더라도, 일본놈 기를 흔들며 정거장에서 왜놈 관광단을 환영할 수는 없다. 그건 우리의 정신을 죽이는 행위며, 정신이 죽은 우리의 삶이란 아무 가치가 없다. 우린 우리에게 어떤 제재가 닥친다 해도 기꺼이 받아들일 각오가 돼 있다. 우리 학생은 한 명도 나갈 수가 없다."

학생들의 순수한 피는 금방 뜨거워져 전원 자퇴 원서를 쓴 후 학교 당국의 부당한 명령에 맞섰다.

결국 교주는 나이 어린 학생 몇 명만 데리고 일본 관광단을 마중 나가 허리가 휘도록 아첨하고 돌아왔다. 환영객이 없어 기분이 상한 저들의 비위를 맞추느라 진땀깨나 흘리고 온 모양이었다.

학교에 돌아오자 교주는 갖은 방법으로 학생들에게 보복을 하였다. 아예 일본의 노예가 되기를 요구하고 있는 것만 같았다.

이에 학생들은, "이런 학교에 다닐 필요가 없다. 우리는 일제히 자퇴한다!" 하고 결의하였다. 그리고 깨끗이 그 학교를 자진 퇴학하기에 이르렀다.

이들의 꿋꿋한 행동에 사람들은 매우 통쾌해 하였다. 어린 학생들의 섣부른 행동으로 보이지는 않았다.

이 사건이 터지자 누구보다 흐뭇해 한 사람은 바로《대한매일신보》주필 신채호였다. 신교육의 효과가 이제야 차츰 나타나는가 싶어 조금은 마음이 놓이기도 했다. 그는 6월 12일자 신문에 〈학생계의 특색〉이라는 글을 실어 그들의 용기를 칭찬했다.

장하다, 학생 제군이여. 용감하다, 학생 제군이여. 한국 학생의 독립 사상이 웅장하기 그와 같으며, 한국 정신이 열렬하기 그와 같으니, 우리가 또 무엇을 우려하리오.

노예 습성이나 배우며 학교에 남아 우등생이 되느니 차라리 자퇴함이 백배 낫다 함이었다. 학교마다 국가 정신으로 가르쳐 장래 이 나라의 크고 용감한 일꾼으로 만들기를 그는 호소하였다.

그리고 이 사건이 무엇보다 단재를 흡족하게 했던 것은 스스로 이러한 중대한 결단을 내릴 수 있을 만큼 학생들의 의식이 성숙되어 있음을 확인할 수 있었기 때문이었다. 그들이 피끓는 애국 청년으로 커 가고 있다는 사실은 단재로서도 힘이 솟아나는 일이었다.

나라가 망하기에 앞서 1909년 9월 신민회에서는 방계조직으로 청년학우회를 창설하고, 그 기관지로 《소년(少年)》이란 잡지를 발행하였다.

안창호가 조직을 맡은 청년학우회의 표면적인 목적은 청년들의 수양과 친목을 도모하는 것으로 되어 있었지만, 사실 보다 큰 목적은 그들에게 민족 독립 의지를 심어 주는 것이었다. 단재는 〈청년학우회 취지서〉를 기초하며 이 운동을 적극 후원하기도 했다.

〈청년학우회 취지서〉에서 단재는, 청년은 한 나라의 사령이며 한 나라를 이끌어 가는 스승이나 다름이 없다고 전제하였다. 그러나 풍속과 인심이 날로 부패하여 청년 사회에 한

점 태양이 비추지 못하여 이 땅에 청년다운 청년이 없음을 지적하였다.

그 나이는 청년이로되 그 기력의 피폐는 노년과 같으며, 그 모습은 청년이로되 그 지식의 몽매함은 유년과 같으니, 청년 청년이여, 이가 어찌 청년이리오.

늙은이처럼 패기가 죽어 버린 청년이나 아무것도 모르는 어린애 같은 청년은 이미 청년이 아니다. 항상 새로운 것에 도전하며 전진에 전진을 거듭하는 자만이 진정한 청년이라 할 수 있다.

〈청년학우회 취지서〉는 그러한 뜻으로 계속 이어진다.

지금 문명의 맹렬한 흐름이 닫힌 문의 완고한 꿈을 일깨워 천리에 책 보따리를 짊어지고 다가오는 앞길을 보는 이는 실로 많으나, 단지 부패한 낡은 풍속을 개혁하고 진실한 기풍을 양성하려면 학술 기능으로 그 성공을 거둘 바가 아니며, 언론이나 문장으로만 그 효과를 기대할 바 아니요, 불가불 유지 청년의 일대 정신단을 조직하여 마음의 힘을 일치시키며, 지식을 서로 교환하여 실천을 힘쓰고, 전진을 도모하여 위험과 편함을 하나로 보며, 괴로움과 즐거움을 서로 나누며, 유행과 풍속의 미친 작태를 막도록 하며, 앞날의 행복을 구하여 유신(維新)의 청년으로 유신의 터전을 마련할지라.

청년학우회는 이러한 취지 아래 빠르게 조직을 넓혀 가며 전국의 청년·학생들에게 많은 영향을 끼쳤다. 또한 신민회의 주도 아래 벌어지고 있는 사상·교육·문화·실업운동도 국민들의 호응이 폭을 더욱 넓혀 가고 있었다.

한편 최남선(崔南善)과 신백우는 《소년》 잡지를 맡게 되었다. 단재는 신민회의 비밀 단체 활동과 청년학우회 활동에 관여하면서 대변인 혹은 자문의 역할을 맡아, 만년 청년의 기상으로 역사 의식을 환기시키면서 이를 열심히 수행해 갔다. 언론인으로, 사학자로 그는 항쟁에 앞장서는 불침번이었다.

망국을 예감하고

그러나 이 나라 뜻있는 애국 지사들의 수많은 노력에도 불구하고 나라는 걷잡을 수 없이 어둠 속으로 빠져들고 있었다. 단재의 우울은 날로 깊어만 갔다.

자연 그 동안 가정에 대해 가져왔던 불만스러운 일들이 하나 둘 밖으로 드러나기 시작했다. 본래부터 성격이 맞지 않아

사소한 일로도 서로 감정이 뒤틀려 있던 차, 아들 관일까지 죽고 나자 단재 부부는 도저히 화합점을 찾기 어려웠다.

사실 단재 자신이 한 가정, 한 여인에 몰두할 수 없는 점도 큰 원인이 되었다. 그에게는 역사와 민족이라는 더욱 큰 사랑의 대상이 있었기에 자기 주변의 일들에는 자연 소홀할 수밖에 없었다.

그가 첫아들 관일을 보았을 때 신백우가 그의 삼청동 집을 찾아 축하해 주러 왔었다. 밥상을 차려 온 조씨 부인은 마침 남편이 잠시 자리를 비운 틈을 타서, 남편의 가까운 친척이라 그래도 허물이 없는 편인 그에게 신세 한탄을 쏟아 놓았다.

"저는 이번에 아이를 낳고 평생 처음 호사해 보았어요. 산모를 위해 병풍까지 사서 쳐 주었지 뭡니까? 그렇지만 저 위인이 아이나 제대로 귀여워할지 모르겠어요."

이러한 조씨 부인의 걱정과는 달리 단재가 아들에게 쏟은 정성은 다른 어떤 아버지들보다도 지극하였다. 조씨 부인이 젖이 부족하자, 당시는 매우 귀한 물건이던 분유를 수십 통이나 사들일 정도로 정성을 다했다.

그런데 그 독수리표 분유가 그만 화근이 될 줄이야. 신식 교육을 받지 못한 부인에게는 분유가 생소한 물건일 수 밖에 없었다. 분량과 온도를 잘 조절하지 못하여 아이가 우유에 체해 끝내 죽어 버리고 말았던 것이다.

단재는 모처럼 얻은 귀여운 아들을 부인의 무식함으로 잃고 나자, 이후로는 아내와 마주 대하기조차 싫어했다. 게다가 나라의 꼴이 갈수록 심상치 않아, 혹 원치 않은 일이라도 생긴다면 그때 자신이 취해야 할 바를 미리 생각해 두어야 했다.

결국 단재는 부인에게 논 다섯 두락을 장만해 준 뒤 친정으로 돌려보냈다. 미욱하나 착한 조씨 부인은 남편을 보좌하는 데 자신의 능력으로는 한계를 느껴 오던 참이어서, 오히려 홀가분한 마음으로 그의 뜻을 따랐다.

조씨 부인이 낙향함으로써 이들 부부는 영원한 남이 되었다.

친구들이 그의 처사를 나무라며,

"단재, 무슨 이유로 부인과 헤어졌는가?"

하고 묻기라도 하면 그는,

"서로 편하자는 거지, 다른 무슨 뜻이 있겠나."

하고 간단히 대꾸했지만, 그의 머리 속에는 여러 가지 계획이 구체화되고 있었다. 그는 망명 준비를 하고 있었던 것이다. 나라 사랑의 벅찬 선택이었다.

1909년 10월 26일 만주 하얼빈 역전에서는 통쾌한 총성이 울렸다. 그간 한반도의 강제 점령을 선두에서 지휘해 오던 한국 침략의 원흉 이토 히로부미가 만주마저 집어 삼키려 하던 중, 안중근(安重根) 의사의 의로운 명중탄에 맞아 거꾸러진 것이었다. 쌓이고 쌓여 온 민족의 통분을 일시에 설욕시킨 영웅적인 의거였다.

뒤이어 이재명(李在明)이 이완용을 저격했고, 의병 항쟁 또한 나라 안팎으로 더욱 치열해졌다.

그러나 이에 머뭇거릴 일본이 아니었다. 그들은 침략의 발톱을 더욱 날카롭게 세웠다. 12월이 되자 일제는 일진회를 교사하여 이른바 한일합방을 건의하게 했고, 다시 황제와 통감, 이완용 등에게 소위 〈합방 상주문〉과 〈청원서〉를 제출하게끔 획책했다.

일본은 이미 이 나라 경찰권을 완전히 장악하고 있었기 때문에, 민족의 저항을 무력으로 강압하며 합병 계획을 거침없이 진행시켰다. 이미 이 나라는 왜적의 손아귀에서 꼼짝도 할 수 없게 되어 있는 상태여서, 일본이 일진회를 교사하거나 황제를 협박하는 일 등은 단지 합병의 합법성을 얻어 내기 위함일 뿐이었다.

신채호는 해를 넘겨 1월 6일 《대한매일신보》에 〈한일합방론자에게 고함〉 등의 논설을 발표하여 일제 침략의 불법성과 친일파들의 매국 행위를 맹렬히 규탄하였다. 그가 밝힌 마지막 등불이었다.

그러나 이러한 그의 뜨거운 외침도 아무 실효가 없었다. 일제는 이 땅에 새로 헌병을 증원하여 주둔시켰고, 이완용 등의 매국노 무리들을 내세워 합병 조약안을 강압적으로 통과시키려는 숨가쁜 마지막 순서만을 남겨 두고 있었다.

제4장 망명지에 신대한의 깃발

《동사강목》을 싸들고

1910년 어느 봄날, 어두운 얼굴로 신문사에 출근한 단재는 문득 두툼한 원고 뭉치를 던졌다.

"웬 거요?"

"요즘 우리 신문에 나가는 글의 계속이오. 틈나는 대로 좀 무리를 해서 썼는데, 상편만이라도 일단락은 지어진 것 같소이다."

"이렇게 한꺼번에 넘길 필요는 없지 않소?"

"이 글 〈동국거걸(東國巨傑) 최도통전〉을 써나가다 보니 최영 장군의 행적에 대하여 막히는 데가 한두 군데가 아니구려. 어수룩한 대로나마 상편은 여기서 마무리가 될 것 같소이다. 그리고 그 후편 관계로 난 좀 다녀올 데가 있소."

"그러면 개성으로 해서 이성계(李成桂)가 회군해 온 위화도쯤에라도 다녀오려는 겁니까?"

"기왕 역사 연구에 들어선 이상 완벽하게 하고 싶은 의욕이 생기는구려. 우리 민족의 옛 활동지인 만주 일대까지 샅샅이 돌아볼 생각이오."

그는 이제 망명을 떠나게 될 것임을 넌지시 비추고 있었다. 눈물을 뿌리며 망해 버린 나라를 두고 떠나야 하는 마당에도 그는 한 가닥 희망을 버리지 않고 있었다. 망명의 암울한 날들에서나마 감춰진 이 나라의 역사를 캐는 희망찬 작업을 엮어 나가 볼 생각이었다. 그리하여 궁극적으로는 나라를 다시 찾는 데 결정적인 힘을 발휘하게 되길 바랐다.

옛 고조선의 전성 시대, 부여의 넓은 땅, 고구려의 웅장한 꿈이 그곳 만주 땅에서는 훤히 드러날 듯만 싶었다. 우리 한민족의 발상지로서 역사의 발자취가 여기저기 전시된 곳이자, 아직 우리 겨레가 흩어져 살고 있는 터전이기도 한 압록강과 두만강 건너의 대륙이 민족 운동가, 독립 운동가를 부르고 있었다. 일제의 마수가 아직은 미치지 않은 그 곳에서 저들과 싸울 새로운 힘을 모아 보자는 애국 지사들의 발길이 속속 그리로 향하는 중이었다.

한일합방이 임박하던 무렵, 신민회 간부들은 비밀 회의를 거듭하여 국외의 독립운동 기지 건설, 무관 학교 설립, 그리고 서·북간도와 연해주에 한민족의 집단적 대이주 계획 등의 문제를 연일 논의하였다. 우선 통치력이 미치지 않는 나라

밖에 독립운동 기지를 구축한 뒤, 이를 바탕으로 장차 저들과 맞서 싸우자는 속셈에서였다.

서울 원서동에 있는 추정(秋汀) 이갑의 사랑방에서는 거듭된 밀담 끝에 신민회의 확대 회의를 망명지 중국 칭다오(靑島)에서 열기로 합의했다. 거기에서 회담한 결과에 따라 중국 본토와 만주, 러시아, 그리고 유럽, 미주(美洲) 등지로 각각 흩어져 독립항쟁 기지를 구축하는 일에 힘쓰기로 했다.

석오(石吾) 이동녕은 연해주, 이동휘는 북간도, 우당 이회영과 성재(省齋) 이시영(李始榮) 형제는 서간도, 청사(靑簑) 조성환(曺成煥)은 베이징, 이갑과 안창호는 유럽이나 미주 지역에서 활동하기로 대체적인 윤곽이 짜여졌다. 한편 전덕기, 안태국(安泰國), 이승훈, 김구 등은 그대로 국내에 남아 국외 지사들과 손잡기로 했다.

신채호는 도산 안창호와 함께 행동하기로 되어 있었다. 그는 서서히 서울 생활을 정리하면서, 조카딸 향란을 믿을만한 동지 임치정(林蚩正)의 집에 맡기기로 했다. 삼청동 집을 처분한 돈에서 조카딸의 생활비를 떼주고 나니, 그의 손에는 노자 몇 푼밖에 남지 않았다.

그러나 그가 정작 정성스레 꾸리고 있는 짐은 이런 노자푼이나 세간이 아닌 마음의 짐이었다. 단재는 한반도와 헤어져 본래의 크고 큰 한나라, 고조선의 옛 땅에서 이 나라 역사를 헤쳐 볼 치열한 꿈을 달래고 있었다. 고달픈 망명길, 정겨운 조국 땅과의 이별이라는 크나큰 슬픔이 앞을 막아 섰지만, 그는 꿈에 사무친 한나라 생각으로 이를 이겨 낼 수 있었다.

신채호가 조심스럽게 망명 준비를 하는 동안, 왜경(倭警)은 무슨 눈치를 챘는지 그의 숙소에서 감시의 눈길을 떼지 않았다. 그는 일부러 이틀 사흘 만에 집에 들어오기도 했고, 별로 즐기지도 않는 술을 연일 마시며 고주 망태가 되어서야 집에 들어오곤 하여 그들의 경계심을 느슨하게 했다.

드디어 4월 8일 아침이 어슴푸레 밝아 왔다. 단재는 떨리는 가슴에 가장 정통한 실학 사가 순암(順庵) 안정복(安鼎福)의 역사책 《동사강목》을 싸 안고 서울을 떠났다. 도산 외에도 단우(檀宇) 김지간(金志侃)이 일행으로 함께 이 땅을 벗어나기로 했다.

조국을 등지는 길손이 되어서도 그는 애지중지해 온 한 권의 역사책을 놓지 않았다. 그래서인지 그의 모습은 망명의 길손이라기보다는 흡사 잃어버린 옛 강토를 찾아 떠나는 꿈 많은 탐험가와도 같았다. 그는 한나라를 찾아 나선 '한놈'이 되어 가슴 설레는 발길을 옮겨 국경으로 향했다.

역사의 유적들이 무진장한 만주가 그에게 손짓하였다. 거기에는 광개토대왕의 비가 우뚝 솟아 있을 테고, 만리장성이

굽이치고 있을 터였다. 망해 버린 역사의 뿌리를 다시 심고자 단재는 《동사강목》의 왕조 중심으로 쓰여진 사학을 뒤엎고, 주체적 민족의 사학을 새로 세우며, 국권 회복 운동에 온몸을 불사를 결의를 비장하게 하였다.

뱃길로 떠날 때

단재 일행은 서울을 벗어나 길잡이 정남수(鄭南秀)의 안내로 행주(幸州) 나루터에 이르렀다. 거기서 배를 타고 눈에 띄지 않게 강화도로 흘러 내려갔다. 다정 다감한 안도산은 즉흥조로 "간다 간다 나는 간다. 너를 두고 나는 간다" 하는 〈거국가(去國歌)〉를 나직이 읊조리며 손수건을 자주 눈으로 가져갔지만, 단재는 짐짓 눈물을 보이지 않았다. 역사의 한에 사무친 그는 한나라와 만나게 될 생각으로 오히려 호흡이 가빠오고 있었다. 온몸의 피가 일제히 끓어오르는 듯 얼굴에서 뜨거운 열기가 느껴졌다. 그는 일행의 슬픔 앞에 자신의 흥분이 드러날까 보아 애써 태연을 가장했다.

망명의 길손을 태운 배가 포구를 빠져 나와 강화도를 돌무렵 단재는 섬에 우뚝 선 마니산을 보며, 한나라의 시조 단군 성조(檀君聖祖)가 마니산에 남긴 얼을 헤아려 보았다. 《대한매일신보》에 발표되었던 〈단군가〉가 새삼 감격과 함께 떠올랐다.

우리 시조 단군께서
나라 집을 창립하여
태백산(太白山)에 강림(降臨)하사
우리 자손 주시었네.
거룩하다 거룩하다,
거룩하다
대황조(大皇祖)의 높은 성덕(聖德).

이 성덕을 어떻게 받들 것인가.

누(樓)에 오른 나그네
갈 길을 잊고서
쓰러진 나무 가로 놓인
단군의 터전을 한탄하노라.
스물일곱 남아가
이룬 일 무엇인고?
추풍(秋風)에 비껴 있노라니
감개만 일어나노라.

항일 전선에 뛰어들어 가장 많은 일본군의 목을 벤 의병장 신돌석이 '단군의 터전을 한탄하노라'하며 부르짖던 심경과 한가지였다.

30대 남아로 이룬 일이 무엇인가? 쓰러져 가는 조국을 지켜 본 것밖에 더 있는가. 그렇게도 애를 썼건만 나라는 망해 버리고, 심성 고운 우리 민족은 갈 곳을 잃고 방황하는 신세가 되었다.

배가 강화도 일대를 벗어나 망망 대해로 접어들자 어느 새 단재의 볼에도 뜨거운 눈물이 흘렀다. 비로소 조국과의 이별이 아프게 다가왔다. 푸근한 고향 풍경과 다정한 얼굴들이 갑자기 마음 가득 몰려왔다. 서울에서 활동하던 시절 함께 일하던 동지들은 어디서 그 거친 꿈들을 달래고 있을까?

벽초 홍명희 생각이 났다. 서로 은근히 경쟁적 관계에 있었지만, 솔직이 그의 재능은 인정해 줄 만했다. 둘 사이에는 사소한 일로 이러니 저러니 시비가 붙은 일도 많았지만, 민족을 다시 일으키자는 데는 더없이 의기가 투합하는 친구였다.

뱃전에 앉아 바다를 응시하며 벽초를 생각하던 단재는 얼마 전 그와의 팔씨름 사건을 기억해 내고 허전한 웃음을 지었다.

경부 신백우가 심판을 보는 가운데 단재와 벽초의 팔씨름이 벌어졌었다. 비록 몸은 허약했지만 본시 지기 싫어하는 성미여서 악착같이 버텼지만, 끝내 벽초에게 지고 말았다. 경부에 의해 패배가 선언되자 단재는 얼굴이 벌겋게 상기되어 갑자기 밖으로 뛰쳐 나갔다. 숨을 헐떡거리며 다시 들어온 그의 손에는 주먹만한 돌이 들려 있었다.

"내가 벽초에게 지다니 분해서 견딜 수가 없어!"

단재는 당장이라도 그 돌을 던질 기세였다. 경부가 놀라 그를 가로막으며,

"아무리 단재가 지는 일을 싫어한다고 하더라도 팔씨름에서 패배한 것만은 사실 아니오? 깨끗이 승복해야 하오. 그것도 친구간에 재미있자고 한 장난이 아니오? 우리가 싸워야 할 적(敵)은 따로 있음을 벌써 잊은 거요?"

하고 타일렀다. 그러자 벽초가 피식 웃으며,

"내가 져주어야 하는 건데 저런 사람인 줄 알면서 이겨버린 것이 잘못이지."

하고 빈정거렸다. 단재는 더욱 발끈하여 소리를 빽 지르며 다시 돌을 쳐들었다.

"저 따위 교만한 태도에는 오장 육부가 뒤틀린단 말이야!"

다시 경부가 나서서 말렸다.

"단재, 내가 대신 벽초와 팔씨름을 해서 이겨 버리면 그 때는 져주어야 한다는 말이 아니 나올 것이오. 벽초가 분해서

돌을 던진다 해도 나는 상처를 입을 마음가짐도 돼 있으니까 말이요."

이번에는 경부가 벽초에게 팔씨름을 청했다. 그러나 벽초는 "하나마나 내가 졌네. 굴욕감도 설욕감도 가지지 못하니까 그만두세" 하고는 승부도 하지 않고 항복해 버렸다. 그제야 단재도 멋적은 웃음을 지으며 화를 풀었다.

그 기억이 이제 왜 이렇게 새삼스러운지 몰랐다.

망명 도중 오산학교에

푸른 바다에 시선을 던진 채 이렇듯 옛 기억들을 엮고 있는데 갑자기 하늘에 검은 구름이 덮여 왔다. 잔잔하던 바다는 점점 파도가 높이 일었다. 배가 크게 요동을 치기 시작했다.

"풍랑입니다! 빨리 선실로 들어와 든든한 나무를 붙잡으세요!"

이제 배는 완전히 파도에 내맡겨졌다. 선실에 웅크려 앉은 단재는 머리가 몹시 어지럽고 뱃속이 울렁거렸다. 신음을 삼키며 고통을 참으려 했지만, 이윽고 배가 크게 흔들리자 뱃속에 든 것을 모두 토해 버렸다. 본래 허약한 체질이라 배멀미를 견디기가 어려웠던 모양이다.

"이봐, 단재! 정신 차리게. 풍랑이 잠잠해졌어."

그러나 얼굴빛이 노래진 단재는 계속 고통스러워했다. 망명 길은 출발부터 쉽지가 않았다. 간신히 배가 교동(喬桐)에 닿자 단재와 단우는 배에서 내려 기차로 가기로 했다. 도산과 정남수는 그대로 배에 남아 중국으로 향하기로 하여 여기에서 이들은 헤어졌다.

한편 같은 날 추정 이갑 또한 이종호, 이종만 형제와 함께 서울역에서 경의선(京義線) 열차에 몸을 실었다. 배에서 내려 기차를 타기로 한 단재와 단우도 경의선 북행 열차에 올랐으나 추정 일행과 만나지는 못했다.

단재 일행은 평북 정주(定州)에서 일단 내렸다. 떠나는 길목에 동지들이나 만나 볼까 하여 오산학교에 들르려던 참이었다. 오산학교에서는 남강(南岡) 이승훈, 시당(時堂) 여준 등 민족 진영의 인사들이 후진 양성에 정력을 쏟고 있었다.

오산학교 설립자인 이승훈은 나이가 신채호보다 16세나 위여서 선배 입장이었고, 신민회 평북 총감을 겸하고 있었다. 여준은 서울에서부터 단재와 친밀한 사이로, 이 학교에서 교편을 잡고 있었다.

단재가 도착하자 오산학교는 온통 떠들썩했다. 교사들은 물론이고, 학생들도《대한매일신보》에서 일제에 대한 비판을 서슴지 않던 논설 주필이 오산학교에 찾아왔다는 사실을 큰 기쁨으로 생각했다. 그래서 학교측에서는 긴급 조회를 열어 학생과 교사가 모두 모인 가운데 그의 환영식을 열어 주었다.

그 자리에서 신채호는 춘원(春園) 이광수(李光洙)와 처음 대면하게 되었다. 비록 춘원의 문학관은 단재가 추구하는 바와는 크게 어긋나 있었지만, 문학에 대한 그의 열정과 재능은 당시 한국 사회에서 능가할 사람이 별로 없는 실정이었다. 춘원 역시 직필(直筆)을 휘두르는 단재의 기개에 가슴 서늘한 감동마저 느껴 오던 터여서, 이날 이 두 뛰어난 문인의 만남은 매우 감격적이었다.

환영식이 시작되기 전 식장에 모여든 학생들은 단재의 모습을 보고 저마다 한두 마디의 느낌을 말하느라 웅성거리는 분위기였다. 그들도 몹시 흥분하고 있었다. 이윽고 여준이 단재를 학생들에게 소개하고, 그의 약력을 간략하게 설명하였다. 이어서 춘원이 환영사를 하였다.

단상에 앉은 단재는 하얀 얼굴에 까만 코밑 수염이 약간 난 극히 초라한 모습이었다. 샌님이 따로 없었다. 머리는 왜 그리도 빡빡 깎았던지, 뾰족하게 생긴 머리 형이 그대로 드러나 좀 묘한 분위기를 자아냈다. 검은 무명 두루마기는 동정에 새까맣게 때가 절었고, 고름도 매듭이 되는 대로였다. 구겨진

옷을 걸치고 때묻은 버선에 미투리를 신은 모습은 갓 서른의 청년 명사의 명성에 비추어 너무나 초라하기만 했다.

그럼에도 불구하고 그 누구도 그를 함부로 대하지 못했다. 비범한 기운이 그에게서 풍겼기 때문이다. 그것은 아마 그 특유의 눈빛에서 오는 듯했다. 그의 눈매에서는 유난스러우리만치 개성이 드러났다. 누구의 말도 듣지 않고, 아무것도 두려워하지 않는 듯한 눈매에 모두가 그만 압도되고 말았다.

춘원은 환영사를 통해 온갖 미사 여구를 동원하여 그의 실력과 공덕을 찬양하였다. 그런데 막상 거기에 대한 답사를 할 차례인데, 단재는 자리에서 부스스 일어나 예의 그 개성이 담긴 빛나는 눈길로 학생들을 한번 둘러보고는 아무 말도 없이 그대로 앉아 버렸다. 매우 단재적(丹齋的)인 답례였다.

그렇다고 단재가 결코 말수가 적은 편은 아니었다. 때로는 모여 앉아 얘기를 나누다 흥이 나면 상그레 웃기도 하고 눈매까지 붉혀 가며, 부드럽고 느릿한 음성으로 천진난만하게 이야기를 이어 갔다. 그의 말에는 "왜 그러시겨오" 할 때처럼 '겨오'라는 충청도 사투리가 특히 많이 들어 있어, 매우 정감 있게 느껴졌다.

아무리 초라한 모습, 아무리 곤궁에 찌든 모습이라 하더라도 30대 청년의 눈초리에는 서광이 떠날 줄 몰랐다. 비참한 망명 생활이 그의 앞에 놓여 있는데도, 그의 눈에서는 혁명 의지가 빛나고 있었다. 그의 앞에는 개혁과 항쟁의 길이 끝없이 열려 있었다.

한·만 국경을 넘어서

단재는 정주 오산학교에 머무는 동안 여준의 방을 함께 썼다. 여준은 뒷날 서간도로 가서 신흥무관학교에서 잠시 교편을 잡기도 했으나, 3·1운동 후에는 지린(吉林)에서 민족 운동에 뛰어들어 사람들의 존경을 받다가 세상을 떠났다.

단재보다 열댓 살 나이가 많은 여준은 그에게 말을 놓기는 했으나 서로 뜻이 통해, 한번 대화가 무르익으면 밤을 꼬박 새울 정도였다. 이들은 또 한결같이 골초여서, 가끔 열띤 담론을 주고받을 때면 누구든지 그 분위기에 놀라지 않을 수 없었다. 방 안에 연기가 가득 차서 기침을 참지 못할 지경이었다.

그들이 이야기하는 모습 또한 기이했다. 간혹 여준이 단재의 말에 못마땅해 하면 단재는 정작 왜 그러느냐는 표정으로 상글상글 웃었다. 단재의 이런 여성다운 구석과 나긋나긋한 목소리에도 뜨거운 정열과 냉철한 엄숙함이 깃들여 있는 것은 자못 기이한 일이었다.

단재는 골초라 해도 보통 골초가 아니었다. 담배를 즐길 겨를조차 있어 보이지 않았다. 답답함과 울적함을 달래다 못해 줄담배를 피워 대는 것이었다. 장죽에 기사미라는 잘게 썬 잎담배를 담아 피우는데, 다 타면 재를 떨고 또 피우고 하여 나중에는 대통이 뜨겁게 달아 손으로 쥘 수 없을 정도까지 된다. 그러면 대통만 창 구멍을 통해 바깥으로 내밀어 그 열이 식을 때까지 기다렸다가 다시 피워 무는 식이었다. 그런다 해서 나라를 잃게 된 울분이 가셔질 리 없었다. 방 안은 연기로 가득 차서 나라의 앞일을 어떻게 할 것인가에 열을 올리는 사람들의 얼굴이 서로 잘 보이지 않을 때도 있었다. 망명의 길손으로 나선 단재는 망국의 아픔을 이처럼 줄담배로 달래 볼 뿐이었다.

오산학교에 몇 주일 머무는 동안 신채호가 세수하는 모습은 서북 사회로서는 낯설게 여겨졌다.

요란하게 서둘러 하는 세수가 아니었다. 여유만만하게 대야의 물을 얼굴에 찍어 바르는 식이어서 답답하게 느껴질 정도였다. 여준이 하루는 세수하다 젖은 단재의 옷소매를 보다 못해 투덜거렸다.

"에잉, 무슨 세수를 그렇게 한담! 고개를 좀더 숙이고 옷도 확 걷어붙이고 하면 저렇지 않을 텐데……. 마룻바닥과 옷이

온통 물투성이가 아닌가."

그러나 누가 뭐라 하든 단재는 고개를 숙이고 서둘러 세수
하는 기색이 없었다. 손에 물을 적셔 얼굴에 문지르는 여유를
보였다.

그렇다고 그가 서서 세수하는 것은 아니었다. 고개를 숙이
는 일이 없이 비교적 꼿꼿한 몸매로 물을 천천히 찍어다 얼굴
에 바르는 식이었다.

남방 선비의 법도는 언제나 여유 만만함을 흐트러뜨리지
않는 데 있다. 충청도 선비가 평안도에 가서 그들의 흉내를
낼 수는 없는 노릇이었다.

시당 여준에게나 춘원 이광수에게는 남방 선비의 법도가
낯설기만 했다.

단재는 결코 남의 이목을 두려워하지 않았다. 또 누구 말을
들어서 소신을 꺾는 일도 없는 고집 불통이었다. 그러면서도
만면에 웃음을 띄우고 다른 사람의 이야기를 들어 줄 때의 모
습은 퍽이나 다정스러웠다.

진지한 선비 단재는 20여 일 평북 정주에 머물며 국경을 넘
어 망명길에 오를 채비를 차리고 있었다.

갖가지 진귀한 행적을 남긴 단재가 오산학교를 떠나 압록
강을 건널 때는 신록이 차츰 짙푸른 녹음으로 변해가는 무렵

이었다. 굽이굽이 산을 돌아 나와 이윽고 거대한 강줄기를 이룬 압록강에는 나무며 풀이며 바위에서 씻겨져 나온 온갖 생명력이 녹아 있는 듯, 꿈틀거리는 물살이 영원히 멎지 않을 이 민족의 뜨거운 핏줄처럼 흐르고 있었다.

단재의 단출한 여장 속에는 《동사강목》 한 질의 책이 소중하게 꾸려져 있었다. 순암 안정복의 대표적 역사책인 희귀본 《동사강목》에 그가 이토록 애착을 갖는 것은 우리 역사에 대한 그의 집념에서였다. 조국의 역사를 똑바로 써서 우리의 자유 독립을 기필코 쟁취하려는 뜨거운 결의이기도 했다.

이윽고 그는 한·만 국경을 넘어서 만주 땅에 발을 디뎠다. 그런데 막상 만주 벌판에 이르자 그 이전까지의 가슴설렘은 완전히 잦아들고 대신 침통한 심사가 얽혀졌다. 이 광활한 땅은 옛날 부여와 고구려 시대 우리 민족의 발걸음으로 분주하던 우리 한나라 땅이 아니었던가.

그러나 지금은 남의 땅이 되었고, 그는 당당한 주인으로서가 아니라 초라한 길손으로 이 벌판에 섰다.

칭다오 회의 후 블라디보스토크로

망명의 길손 단재는 국경을 넘어 만주 벌판을 내달으며 뼈

마디가 으스러지는 아픈 감회에 젖지 않을 수 없었다. 뒷날 그는 상해에서 〈한나라 생각〉이라는 시편으로 망명객이 되던 그 때의 절박한 마음을 읊조린 적이 있다.

나는 네 사랑
너는 내 사랑.
두 사랑 사이
칼로 썩 베면
고우나 고운
핏덩어리가
줄줄줄 흘러
내려오리라.
그 피를 쥐며
한나라 땅에
골고루 뿌려
떨어지는 곳마다
꽃이 피어서
봄맞이하리.

한나라와 그는 피와 꽃으로 하나가 된다. 피 뿌려 조국 강산을 꽃피우게 하려는 용사의 마음이 단재에게는 꽉 차 있었다. 역사의 춥디추운 이 설한풍을 헤치고 민족의 봄맞이를 하려면 피를 흘려야만 하리라. 피로 꽃을 피우리라는 결의 속에서 그는 새삼 희망의 새로운 지평을 열어 보이고자 했다.

'한나라 생각'을 품고 단재는 망명 생활의 첫발을 내딛게 된다. 31세에 그의 후반 생애가 막을 올렸다.

김지간과 함께 국경을 무사히 탈출한 단재는 안둥현(安東縣)에서 기선을 타고 옌타이(烟臺)를 거쳐 칭다오(靑島)에 도착했다. 거기에는 기라성 같은 독립 운동가들이 모여들었다. 처음 동행하다가 중도에 갈라진 도산 일행도 블라디보스토크를 거쳐 이 곳에 왔고, 이갑과 이종호·이종만 형제도 육로를 통해 무사히 빠져 나왔다.

이른바 신민회의 확대판 회의라고 할 수 있는 칭다오 회의를 위해 신민회 간부들이 속속 모여들었다. 그리하여 칭다오에서는 연일 불꽃 튀기는 토론이 벌어지고 있었다. 쓰러져 가는 조국을 일으키자는 데 뜻을 모으고, 닷새 이상의 마라톤 회의를 벌이면서 앞으로의 독립운동 방략(方略)을 집중 논의했다.

그러나 운동의 이념적 노선이 몇 갈래 갈렸고, 특히 급진론과 점진론이 대립되어 장시간에 걸친 회의에도 불구하고 좀처럼 일치점에 도달할 줄 몰랐다.

혁명 의지가 솟아나는 과격파 무력 급진론자들은 독립군을 조직하여 당장 항일 독립 전쟁을 일으켜야 한다는 주장이었고, 반면 안창호 등은 우선 산업 진흥과 교육을 통해 힘을 양성한 후 독립운동을 수행하자는 점진론을 폈다. 여기에 대해 단재는 실력 양성도 독립 투쟁도 모두 역사 의식으로 무장한 후라야 가능한 일이라는 점을 강조하여 전폭적인 지지를 받았다.

칭다오 회의처럼 말의 홍수를 이룬 민족 지도자 회의도 없고, 눈물을 떨구면서 애국 혼을 호소하던 모임 또한 두번 다시 있기 어려웠다. 나라를 위하는 의욕은 넘쳐도 조직적인 행동을 위해 뜻을 하나로 합하기가 어렵기만 했다. 단재로서는 소중한 체험이 아닐 수 없었다. 칭다오 회의를 거울삼아 그는 민족 운동을 철저하게 밀고 나갈 다짐을 했다.

칭다오 모임에서는 독립운동 기지를 마련해 무관학교를 세워 독립군을 양성하는 한편, 농토도 장만해 개간 사업을 하여 산업 진흥의 길을 열기로 뜻을 모았다. 지린 성(吉林省) 일대에 땅을 사기로 했다.

한편으로 산업 진흥을 하며 한편으로 독립군을 양성하자는 뜻은 점진론과 급진론이 집약된 결과였다. 교육 문화를 통한 실력 양성의 준비론(準備論)과 무관들로 하여금 직접 항쟁에 대처한다는 혁명론(革命論)의 주장을 어느 정도 반영한 성과이기도 했다. 이때 단재는 장차 세워질 무관학교 교원으로 임명되기까지 했다.

그러나 이러한 계획이 실현을 보지 못한 채 무산되고 말아, 새로운 아픔을 맛보아야 했다. 이 모든 계획에 필요한 자금을 대기로 한 이종호가 뒤늦게야 일방적으로 포기 선언을 전해왔기 때문이다. 하늘이 무너질 노릇이었다. 칭다오 회의의 결과가 모두 헛수고가 되고 만 셈이었다.

어쩔 수 없이 망명 지사들이 이 곳을 떠나 뿔뿔이 흩어졌다. 단재는 대부분의 인사들과 함께 블라디보스토크 행(行)을 결심하고 영국 기선에 올랐다.

그리하여 단재 일행이 러시아 영(領) 블라디보스토크에 도착했을 때는 어느덧 계절이 바뀌어 1910년도 한여름으로 접어들고 있었다. 러시아 말로 '동방의 주인'이라는 뜻을 지닌 이 도시 블라디보스토크의 서북 지역에는 19세기 말엽부터 우리 동포들이 이주하여 신한촌(新韓村)이라는 집단 부락을 개척하며 살고 있었다. 시베리아 횡단 철도가 완성되면서 급속히 성장한 이 곳은 우리 항일 투사들의 독립운동 무대로 널리 알려지게 된다.

망명지에서의 구국 활동

신채호가 블라디보스토크에 자리를 잡은 지 한 달 남짓 되던 8월 29일, 나라가 완전히 일제에 넘어가 버렸다는 비보가 들이닥쳤다. 예상하고 있던 바였지만, 막상 나라가 망했다는 슬픈 소식에 접하자, 형용할 길 없는 비분에 젖어들었다.

격분을 억누르고 단재는 이 곳에서 언론 활동을 재개하였다. 독립 사상을 고취하고 동지를 규합하기 위해, 《해조신문(海潮新聞)》을 복간하고 《청구신문(靑丘新聞)》의 발행에 참여하였다. 또 이듬해에는 이상설 등이 조직한 교민 단체인 권업회(勸業會)의 기관지 《권업신문》의 주필로 초빙되기도 했다.

이 《권업신문》은 비록 노후된 석판(石版) 인쇄로 찍혀 나온 신문이었지만, 명망 있는 지도급 인사들의 주옥 같은 글들이 실렸고, 모두들 자진해서 신문의 발행과 편집을 도왔다. 시베리아나 북간도의 구석구석까지 우리 교민을 찾아갔던 《권업신문》은 넓은 러시아와 만주 천지에 흩어져 있는 교민들 간에 다리를 놓았을 뿐 아니라, 민족 독립 사상을 고취하는 데도 큰 역할을 하였다. 신문은 국내로까지 흘러들어, 한국혼(韓國魂)이 아직 건재해 있음을 알리기도 하였다.

이 무렵 단재는 《권업신문》과 함께 《대양보(大洋報)》의 주필로도 활약하였다. 그는 이러한 언론 활동을 통해, 독립운동의 효율적 전개를 위해 우리 동포들이 거족적으로 단합할 것을 늘 강조하였다. 교포 사회를 분열시키는 지방색, 먼저 이주해 온 교포나 나중에 이주한 교포 사이의 대립, 신·구 학문의 충돌 등은 하루 속히 뿌리뽑아야 할 문제들이었다.

이들 신문은 러시아 어 판(版)까지 발행하여 러시아 인들에게 한국인의 독립 의지를 알리고자 했다.

그러나 《권업신문》의 운명은 1914년 8월 제1차 세계대전의 발발과 동시에 막을 내려야 했다. 러시아 정부가 대일 외교 관계를 염려한 나머지 강제로 권업회를 해산시켜 버렸기 때문이다. 물론 권업회가 그들의 전쟁 수행에 장애가 되었던 이유도 있다.

이에 앞서 1911년 이국 땅에서 국치의 소식을 전해 듣고 통곡하던 애국 지사들은 직접 민족 운동을 전개하기 위해 광복회(光復會)를 조직하였다. 블라디보스토크에 본부를 둔 광복회 발족에 참여한 단재는 부회장으로, 윤세복(尹世復) 회장과 함께 활약하였다. 이동휘와 이갑은 각각 총무로 일을 도왔다. 광복회는 차츰 지회를 만들어 조직을 넓혀 갔고 국내와도 연결시켜, 회원만도 2만여 명에 달하는 막강한 항일 단체로 발전하였다. 국내 광복회 회원들은 군자금 모집, 총독부 요인과 민족 반역자의 응징, 그리고 전국적인 무장 항일 투쟁 등을 벌임으로써 그 성격을 드러냈다.

한편 단재는 언론 활동과 광복회 등의 격무에 시달려 건강이 말이 아니었다. 본래 병약한데다가 영하 2, 30도를 오르내리는 블라디보스토크의 혹독한 겨울을 견뎌 내기가 힘들었다. 감기가 나을 사이 없고, 동상으로 온몸이 아픔의 벌집이 되어 가는 형편이었다. 게다가 만성 소화 불량까지 겹쳐 늘 아픈 배를 감싸 안고 다녔다. 약이 제대로 있을 리 없어 그는 매일 2천 보씩 걷는 것으로 소화제를 대신하였다.

어디 그뿐인가. 《권업신문》이 폐간되기 얼마 전에는 극심한 운영난에 부닥쳐 거의 무보수로 일해 왔기 때문에, 끼니마저도 때우기 어려웠다. 극심한 생활난은 모든 이주 교포와 망명 지사들이 겪는 일이었지만, 단재는 생활고에 병고까지 겹쳐 이중의 고통을 겪어야 했다.

단재의 어려움이 상해에 있는 예관 신규식의 귀에까지 들어갔다. 신규식은 당장 여비와 함께 전갈을 보냈다.

"죽으나 사나 우리 함께 견뎌 나가 봅시다."

신규식은 상하이에서 상당한 영향력을 가지고 있었다. 중국 당대의 혁명가들과 손잡고 그들 혁명 대열에서 함께 활동하고 있었다. 특히 망명해 온 한국 청년들의 지도에 열성을 다하였고, 그런 만큼 중망(衆望)도 두터웠다.

단재는 망설이다가 이윽고 1913년 겨울 상하이 행을 결심했다. 그 곳이라야 더욱 큰 뜻을 펼칠 수 있으리라는 생각이 그를 강하게 이끌었다.

북만(北滿) 미산(密山)을 거쳐 상하이에 당도했을 때 그의 나이는 서른넷이었지만, 병색이 짙은 몰골은 얼핏 마흔도 넘게 보였다. 반갑게 해후한 신규식은 그의 초췌한 모습에 끌끌 혀를 차며 바이얼부 로(白爾部路)의 이층집에 거처를 마련해 주었다.

단재가 이 집에 머물면서 어느 정도 기력을 되찾기까지, 많은 동지들이 그를 찾아왔다. 위당(爲堂) 정인보(鄭寅普), 호암(湖岩) 문일평(文一平), 소앙 조용은 등 쟁쟁한 독립 운동가들도 다녀갔고, 벽초와 춘원도 불쑥 얼굴을 내밀어 정말 감격적인 재회를 하기도 했다.

몸이 회복되자 단재는 곧바로 신규식이 주도하는 동제사(同濟社)에 몸담고 이들과 함께 일하였다. 당시 동제사에는 중국 국민당의 중요 인물들도 다수 참가하여 한중 합작 노선을 이루고 있었다. 단재는 여기서도 잡지·출판물의 간행에 관여하였다.

한편 단재는 몸조리를 하며 쉬는 사이, 틈틈이 건필(健筆)을 휘두를 수 있었다.

일본 음식 토해 내고

상하이에 자리를 정한 단재가 본격적으로 뛰어든 일은 박달학원(博達學院)의 개설이었다. 이름 그대로 단군의 얼을 살려 한나라의 명맥을 살리자는 취지였다.

단재가 박달학원의 뜻을 세우자 신규식은 모든 뒷바라지를 맡기로 했다. 이 학원에서는 각종 교육과 훈련을 베풀면서 올바른 역사관을 정립시킨 후 상급 학교나 외국 유학을 보내 민족의 동량을 키워 내는 일을 목표로 하였다. 그는 박은식 등과 함께 열강을 하며 청년들을 가르쳤다.

또 신규식, 홍명희, 문일평, 조용은 등 유수한 인물들이 강사로 초빙되었으며, 중국인으로 혁명의 선구자인 눙쭈(農竹) 등도 교단에 섰다.

회색 두루마기를 발등이 덮이도록 깊게 입고 다녀 흡사 사제와도 같은 모습의 단재는 늘 고래를 갸우뚱하고 있었다. 얼굴빛이 여전히 누르스레 부어 오른 걸로 보아 아직도 건강이 많이 상해 있는 모양이었다. 그렇잖아도 초췌한 몸집에 냉통(冷痛)에서 오는 고통으로 늘 배를 움켜 쥐고 다녔다. 그러나 조선 역사를 말할 때면 어디서 그런 힘이 나오는지 두 눈에 푸른 섬광이 일고, 답변은 칼날 같았다. 여럿이 모여 앉아 얘기하다가도 사론(史論)이 벌어지면 모두 단재의 말에 귀를 기울였다.

상하이 바이얼부 로의 허름한 이층집에서는 매일 밤 망명 인사들을 대상으로 중국어와 영어 강좌가 열렸다. 장차 외교 활동을 활발하게 벌이기 위해서는 외국어를 배워 두어야 했다.

단재는 자습으로 영어 기초는 닦아 두었으나, 영어 원서를 자유 자재로 읽기 위해 영어 공부에 열을 올렸다. 단재는《로마 제국 흥망사》,《영웅 숭배론》 등을 원서로 독파하는 의욕을 보였다.

그는 김규식에게서 영어를 배웠는데, 김규식은 상당히 수준 높은 책을 교재로 하여 여간 깐깐하게 가르치는 것이 아니었다. 특히 발음이 너무 까다로워 단재로서는 짜증이 나는 일이었다. 참다 못해 그는 춘원에게로 갔다.

"춘원한테 영어를 배워야겠소. 발음은 쓸데없으니 뜻만 가르쳐 달라고 해도 그 사람이 꽤 까다롭게 그러는군."

투덜거리는 그의 모습을 보며, 춘원은 또 한 번 단재적이라 생각하고 혼자 웃었다. 이런 식으로 고집을 부렸으니 단재의 영어 발음은 얼마나 가관이었을까. 그가 '네이버(neighbour)'란 단어를 '네이그흐바우어'라고 천연덕스럽게 발음하자, 영어에 뛰어난 소질을 보이던 변영만이

"그 중에 묵음(默音)이 있어 그냥 '네이버'라고만 발음하면 돼

요"

하고 바로잡아 주었다. 그러자 그는

"내가 왜 그걸 모르겠소? 그러나 그건 영국인의 어법일 뿐인데 내가 그것을 꼭 지킬 필요가 있겠소?"

하고는, 여전히 '네이그흐바우어'로 읽었다.

양력 설에 상하이에 있던 동지들이 모여 신년회를 열었는데, 자리가 한층 무르익어 갈 무렵 화제가 시국담으로 흐르게 되자 "에잉!" 하고 발길로 마룻바닥을 차고 화를 내며 퇴장해 버린 단재였다.

스스로 거부하는 일에 대해서는 좀처럼 타협할 줄 모르는 그의 성미는 중국 땅에서도 숱한 일화를 남겼다.

궁색한 망명가 살림에 식사를 거르는 일이 예사였던 그는 어느 날 잔뜩 허기져 있던 중에 한 친구로부터 그럴싸한 식사 대접을 받게 되었다. 푸짐한 중국 요리로 맛있게 그릇을 비운 단재는 심부름하는 소년에게 음식 맛이 일품이라고 칭찬을 해주었다.

"그런데 이 고기는 무슨 고기이기에 이처럼 맛이 유별나지? 어디서 온 거니?"

"그 고기는 동양어(東洋魚)라는 것으로, 일본에서 직접 가져온 희귀한 고기죠."

"뭐라고? 왜놈 음식이라고!"

그는 노발 대발하는 데 그치지 않고 그 길로 화장실로 달려가 먹은 음식을 모두 토해 버렸다. 대접한 친구가 도리어 미안하여 몸둘 바를 몰라 할 정도였다.

토하고 나서야 단재도 친구에게 미안한 생각이 든 모양이다. "미안하네, 하지만 왜놈 고기는 내 위장에서 좀처럼 받지 않으니 별수없지 않은가."

백두산과 왕릉 답사

1914년 단재는 그의 생애에서 잊을 수 없는 경험을 하게 된다. 그가 평소 꿈꾸어 오던 고조선과 고구려, 발해의 옛 땅인 남만주 일대의 사적과 고조선 창업의 혼이 깃든 백두산의 현지 답사를 하게 되는 것이다. 그로서는 한국고대사 연구에 대한 새로운 영감을 불러일으키는 결정적인 계기를 얻게 된 셈이었다.

그가 백두산에 오르게 된 것은 광복회장 윤세복, 윤세용(尹世茸) 형제 덕이었다. 그들이 창설한 동창학교(東昌學校)에 관여하게 되어 만주 환인현(桓因縣)으로 초청받아 머물면서 역사 연구의 본격적인 길이 열릴 수 있었다. 단재는 여기서 한인 동포들을 가르치기 위해 그 교재로 〈조선사〉를 집필했으며, 윤세복의 집에 머문 반년 남짓 동안 시간이 나는 대로 틈틈이 서간도 일대를 답사하였다.

드디어 백두산 등정의 날이 왔다. 본래 목적은 독립군 양성 기지를 이 곳에 구축하기 위함이었지만, 단재는 같이 산에 오르게 된 윤세복, 신백우, 김사(金思), 이길룡(李吉龍)과는 달리 역사의 뿌리를 캐 볼 기회로 삼고 있었다. 평생을 두고 기다려 왔던 일이었던만큼, 그 감격은 헤아리기조차 어려웠다. 백두산을 오르는 길목에서는 절로 시 구절이 떠올랐다.

인생 40년 지루함이여,
병과 가난 잠시도 떨어질 줄 몰라라.
한되고 한됨이여, 산도 물도 다한 곳
뜻대로 노래하고 통곡하기 그 또한 어려워라.

남북으로 오가며 세월만 흘러
와도 그러려니 떠나감 또한 그러려니.
세상 일이란 뜻대로 결단 내려야지
남 따라 다니는 것 가엾기만 하여라.

그는 이 시에 〈백두산 길에서〉라는 제목을 붙여 동행하던 신백우와 김사에게 선사했다. 이들은 명산 준령을 오르면서 벅차기만 한 감흥을 시로써 주고받았다.

백두산 등정을 마치고 내려올 무렵 단재는 한나라의 주인 한놈이 되어 있었다. 그리고 백두산에서 얻은 신비한 영감으로 소설 구상이 잡혀 왔다. 시간 여유가 생기면 반드시 글로 완성하리라 생각하면서, 그는 벌써 〈꿈 하늘〉이라는 제목까지 잡아 두었다.

백두산을 내려온 단재 일행은 이제 압록강 기슭 지안 현(輯安縣), 곧 제2환도성(丸都城) 일대를 돌아보았다. 감춰진 역사의 보물 창고나 다름없는 곳이었다. 그 동안 국내에 있으면서 고대사 문헌이 절대적으로 부족한데다가 대부분이 오류투성이여서 연구가 벽에 부딪힌 적이 얼마나 많았던가.

그런데 이제 광개토대왕의 거대한 능을 돌아보며 웅비하던 한민족의 고대사를 더듬어 보았고, 그 비문을 더듬으며 이제야말로 역사의 진실 앞에 서게 되었다는 실감이 넘쳐 흘렀다.

단재는 이 곳에서 그 동안 구상해 오던 고대사의 생생한 자료들과 마주쳤다.

그가 쓴 대표적인 역사서 《조선상고사(朝鮮上古史)》는 이 때의 현지 답사를 통해 구상되고, 또 윤곽이 잡혀진다. 비록 완전하고 빈틈없이 왕릉 일대를 샅샅이 답사하지는 못했다 하더라도, 말 타고 산천을 구경하는 식이었다 하더라도, 백 번 듣는 것보다야 한 차례 눈으로 보는 편이 훨씬 낫다 아니 할 수 없다. 하물며 자신의 글을 통해 동양의 알렉산더 대왕으로 칭송한 바 있는 광개토대왕의 세계적인 비석 앞에서랴.

《조선상고사》의 총론에서 그는 이렇게 쓰고 있다.

일차 다섯 명의 친구와 함께 압록강 위쪽의 지안 현, 즉 제2환도성을 언뜻 봄이 나의 일생에 기념할 만한 장관이라 할 것이나, 여비가 부족하여 능묘가 모두 몇인가 세어 볼 틈도 없이, 능으로 인정할 것이 수백이요, 묘가 일만 장 내외는 될 것이라는 억측을 내렸을 뿐이다. 촌사람이 주는 대나무 잎사귀가 그려져 있는 금으로 만든 자와 이 지방에 살고 있는 일본 사람이 박아 파는 광개토왕 비문을 가격만 물어 보았으며, 땅 위에 나와 있는 부분이 부서진 수백의 왕릉 가운데 다행히 남아 있는 8층 석탑 사면 네모형의 광개토왕릉과 그 오른쪽의 제천단(祭天壇)을 붓으로 대강 본떠 그려 사진을 대신하였으며, 그 왕릉의 넓이와 높이를 발로 밟거나 신체(身體)로 견주어서 측량을 대신할 뿐이다.

이렇게 대충 훑어본 정도였지만, 그 동안 중국에서 쓰여진 역사책을 읽으면서 쉽게 감이 잡히지 않던 문구들의 해석이 가능해지는 부분도 많았다. 크나큰 소득이 아닐 수 없었다 하지만 '몇백 원만 있으면 묘 한 장을 파 볼 것이요, 수천 원 혹은 수만 원이면 능 한 개를 파 볼 것이다. 그리하면 수천 년 전 고구려 생활의 살아 있는 모습을 볼 수 있을 텐데……' 하는 안타까움을 남긴 채 왕릉에서 발길을 옮겨야 했다.

독립 항쟁을 위한 기지를 찾아 나선 이들 망명 지사들에게 어쩌면 사적 탐사란 너무 한가한 일인지도 몰랐다. 거기에 쓸 비용이 없는 것은 물론이고 시간조차도 거의 낼 수 없는 처지에, 단재가 하도 간절히 원하고 원해 겨우 하루의 시간을 낸 정도였다.

그로서는 하루 만에 겉모습만 간신히 돌아보았기로 안타깝기 그지없었으나, 누구에게 불만을 하소연하랴 싶었다.

'이처럼 하늘이 간직하여 알려지지 않은 역사의 보물 창고를 만나서 나는 무엇을 얻었는가. 아무리 재료가 널려 있다 해도 사람에게 재주와 물질의 도움이 없으면 나의 소유가 아니로구나!'

그는 홀로 탄식하며 물러설 수밖에 없었다. 사학자로서의 그의 열정은 이처럼 눈물겨울 정도였다. 그러나 소득이 아주 없는 것은 아니었다. 이 시절의 열정이 그로 하여금 중세적인 유교 사관을 완전 극복하고, 근대적인 민족 주체 사관의 새로운 장을 열게 하였다.

소설 〈꿈 하늘〉에 서린 뜻은

고조선 전성 시대의 옛 땅을 돌아본 뒤 단재는 역사 연구에 더욱 박차를 가하였다. 눈이 움푹 패고 몸은 갈수록 야위어 갔지만 하루하루가 희망으로 충만된 30대 후반이었다. 만주에서 베이징으로 온 그는 《조선상고사》를 써 나가기 시작했다.

집필 자료를 얻기 위해 주로 베이징 도서관을 이용했다. 도서관을 뒤지다가 서점 순례로 하루 해를 넘기고는 했다. 길가 서점에 들르면 선 채로 책들을 모두 읽어 내려갔다. 중요한 구절은 일일이 베끼기도 했다. 그는 그런 나날로 망명의 세월을 채워 나갔다.

한편 그는 독립운동 방략을 모색하는 일에도 열성을 다했다. 중국 땅에서 독립운동을 효과적으로 추진하기 위해서 한중 합작을 꾀하는가 하면, 베이징에 본부를 둔 신한혁명단(新韓革命團) 조직에도 참여했다.

신한혁명단은 국내에 있는 고종 황제를 당수로 추대하는 등 활동 범위를 넓혔으나, 조직된 지 불과 2개월 만인 1915년 7월 국내에서 활동하던 동지들이 이른바 보안법 위반 사건으로 체포된데다가 국제 정세마저 여의치 못하여, 처음의 의욕만큼 실효를 거두지는 못했다.

단재는 첫 발족에만 관여한 뒤 활동은 동지들에게 맡기고 오로지 저술에 열중했다. 백두산과 남 · 북만주 일대를 돌아보았던 감격이 너무도 새로워 망설일 수가 없었다. 서둘러 글로 써서 남겨야 했다.

1916년 봄, 37세의 단재는 마침내 중편 소설 〈꿈 하늘〉을 완성하였다.

우리 민족의 당면 과제와 독립운동의 길을 상징적 수법으로 그려낸 〈꿈 하늘〉은 단재의 자전적인 문예물 이상으로 독립운동의 교재이자 민중 혁명의 독본이었다. 무엇보다 그 스스로가 '꿈에 지은 글'이라고 표현했듯이 허구라는 소설의 특성을 빌어, 단재 자신의 자유 분방한 꿈과 이상, 애국에의 열정을 그리고 있다. 그의 해박한 역사적 지식이 우화 형식의 소설적 재미를 가미하여 민족의 역사적 과제와 혁명적 투지를 일깨우는 작품이다.

〈꿈 하늘〉은 서문과 여섯 장(章)으로 구성되어 있다. 제1장은 주인공 한놈이 어느 날 꿈 속에서 영혼의 세계로 가서, 민족적 영웅 을지문덕의 살수대첩 장면을 목격한 후, 장군과 만나 민족적 열정이 담긴 담화를 듣고 투쟁과 승리의 사상을 설교받는 내용으로 되어 있다. 설교 중에 장군은, "육계나 영계나 모두 승리자의 판이니 천당이란 것은 오직 주먹 큰 자가 차지하는 집이요, 주먹이 약하면 지옥으로 쫓기어 가느니라" 하여, 천당과 지옥조차도 힘있고 없음에 달렸다고 민족 자강주의를 부르짖는다.

제2장에서는 한놈의 외로운 처지가 보이면서, 이 시대에는 국가가 곧 나임을 강조한다.

을지문덕 장군의 이야기가 펼쳐지는 제3장에 이어 제4장에서는 을지 선배를 찾아가는 길에 온갖 장애를 거치는 과정이 보인다. 흙과 모래, 바람, 가시밭과 칼밭, 불덩이의 시련이 가로놓이는가 하면, 권세와 재물, 부귀와 영화 등 온갖 유혹의 손길이 뻗쳐 오지만, 끝끝내 한놈은 이를 이겨 내어 전사적 영웅이 된다.

제5장 지옥편에서는 여러 유형의 망국노들이 고통을 당하는 지옥을 보면서, 애국 사상의 실체가 무엇인지 확인하게 된다. 그리고 독립 운동이 지향해야 할 투쟁 노선을 제시한다.

마지막 제6장에서 한놈은 천국에 올라 민족사를 빛낸 인물들을 만나 본 후, 오늘날 한반도의 하늘을 덮고 있는 먼지를 비로 쓸면서 맑고 푸른 한민족의 하늘을 쟁취하기 위한 투쟁과 결의를 새롭게 한다.

여기에서 한놈은 바로 단재 자신인 듯싶다. 그는 〈꿈 하늘〉의 한놈처럼 이상의 님나라를 이 땅에 세우리라는 투지에 찬 희망을 한시도 잃지 않고 있었다. 자질구레한 모든 일의 희생 위에서만 구국의 큰 사랑은 이룩될 수 있다.

환상 소설 〈꿈 하늘〉에서 민족 자활을 위해 언제나 한몸쯤 바칠 수 있는 한놈의 길을 보인 단재는 대종교(大倧敎)를 신봉하고 있었다. 대종교는 본래 단군교(檀君敎)의 교리를 홍암(弘巖) 나철(羅喆)이 체계화하면서 민족 종교로, 특히 독립 항쟁의 구심점으로서의 면모를 갖춘 것이다.

뿌리 깊은 민족 신앙인 대종교는 독립 운동가들의 열렬한 지지를 받게 되고, 단재 또한 여기에 적극 가담하게 된다. 그 교리부터가 국민을 계몽하고 독립 정신을 불러일으키는 나침반이 될 만하였다.

그런데 1916년 8월 15일 나철이 구월산에서 일본 정부에 보내는 문제의 글을 남기고 자결하기에 이른다. 이에 단재는 그 비통한 심사를 〈도제사언문(悼祭四言文)〉을 지어 바치면서 달랬다.

단재는 나철의 뒤를 이어 2세 교주가 된 김교헌(金教獻)과 함께 대종교 교육을 맡기도 해서, 그의《조선상고사》는 후일 대종교 교본으로 채택되었다.

많은 글을 기고하던 그 무렵 고국으로부터 급한 연락이 왔다. 망명 길에 고국의 동지 임치정에게 맡기고 온 조카딸 향란의 결혼 문제가 숙부의 도움을 필요로 하고 있었다. 게다가 아끼던 제자 김기수(金箕壽)가 갑자기 세상을 떠났다는 소식도 함께 왔다.

단재는 위험을 무릅쓰고 변장하여 가까스로 국경을 넘었다. 사정은 급박했다. 임치정이 그와는 아무런 사전 상의도 없이 향란의 배우자를 결정해 버려, 그는 조카딸을 팔아먹으려 한다고 마구 흥분하였다. 하지만 위험을 무릅쓰고 머나먼 길을 달려온 숙부의 만류도 듣지 않고, 향란은 그대로 결혼해 버렸다. 단재로서는 한 점 혈육인 향란에게 큰 애정을 갖고 있었기에 심한 배신감을 느꼈다. 참다 못해 향란과 혈육의 정을 끊는다며 자신의 손가락 한 마디를 싹둑 잘라 버렸다. 옆에서 말릴 틈도 없이 순식간에 일어난 일이었다.

그리고는 홀연히 그 자리를 떠나 서울 김기수의 집에 도착했다. 제단에 놓인 김기수의 영정을 보고서야 단재는 제자의 죽음 앞에서 하염없이 눈물을 쏟았다.

"내 사업을 계승할 놈은 너뿐이었는데, 네가 먼저 가다니……."

실제로 단재의 학문을 계승할 만한 제자는 김기수뿐이었다. 일찍부터 그의 재주와 장한 뜻을 아껴 두터운 정을 쏟아오지 않았던가. 이 애제자의 죽음은 오래도록 단재에게 안타까운 슬픔을 자아냈다.

그는 상가(喪家)를 나와 서울의 다른 사람들과 일체 연락을 취할 생각도 하지 않고 곧바로 자취를 감추었다. 그리고 그것이 그가 살아서 마지막 밟게 된 고국과의 영원한 헤어짐이 되고 말았다. 누구도 상상 못 한 일이었다.

중원(中原) 천하에 문명(文名) 떨쳐

단재는 중국 망명 생활로 돌아와 다시 극도의 가난에 시달리며 민족 항쟁의 심지를 뜨겁게 돋우어 나갔다. 역사의 거칠디거친 언덕을 불태울 민족 정기의 불씨가 되어가는 단재였다. 이 불씨는 망명 생활의 막판쯤인 40대 후반 민중 혁명의 용광로가 되기에 이른다.

신채호 스스로가 지핀 불씨는 우리 민족만이 아니라 온 세계 피압박 민족 전체를 살게 하는 항쟁의 용광로 그 자체가 되었다.

황해도 출신 우응규(禹應奎) 청년이 단재를 스승으로 깍듯이 받들었다. 베이징 시절 우응규 청년는 스승의 가난을 보다 못해 방 주인 몰래 때때로 푼돈 얼마씩을 돗자리 밑에 찔러 넣고 가기를 거듭했다. 변영만과 미리 내통이 된 제자의 그 갸륵한 뜻을 알 리 없는 단재는 수십 원이 자리 밑에 보존되어 있는데도 굶기를 밥 먹듯 했다. 방을 제대로 청소만 한다면 제자 우 청년이 놓고 간 돈으로 삼순 구식(三旬九食)이야 면할 수 있으련만, 방 청소 한번 하려들지 않는 버릇이 굳어진 상태이고 보면 오아시스 곁에서 목타 죽어 가는 소경 낙타꼴이었다.

신채호가 쓰는 방은 언제나 외양간이었다. 보던 책들마다 펴놓은 채 여기저기 뒹굴고 있었고, 쓰던 글들의 종이쪽이 천지 사방 아무렇게나 널려 있었다. 그 쓰레기 같은 방에서 몇십 원의 돈을 찾아내기란 낙타가 바늘 구멍을 지나가기보다 더 어려운 노릇이었다.

가끔 변영만이 단재의 외양간 숙소를 들러 보고는 한 마디 꾸지람을 아끼지 않았다.

"이봐 단재, 돼지가 아닌 이상 방을 어찌 이런 꼴로 놔 둔 채 생활하오?"

그제야 못 이기는 척하고 단재가 비를 든다. 방을 쓸기에 옷자리도 들먹이며 한창 바쁘다. 그러다 보면 자리 밑에서 돈이 얼마 나오게 마련이다.

"나는 돈이 다 떨어진 줄 알았는데, 그저 아직 남았군!" 하며 이렇다할 표정 없이 무심결에 제자가 두고 간 돈을 호주머니에 집어넣는 것이었다. 성균관 시절의 친구 변영만은 이 정경을 두고 이렇게 쓴 적이 있다.

　단재는 완전히 자기의 근검 저축으로 아는 모양이었다. 나는 어찌된 셈인지 그를 깨우쳐 말해 줄 필요는 느끼지 못하고 말았다. 그렇다고 그가 다시금 자리 밑을 엿보는 일도 없었다. 그의 방은 영원한 돼지우리였고 그의 금전은 영원한 저축인 동시에 영원한 발견품이었다.

그렇다고 친구나 제자가 생활에 초연한 그를 두고 달리 말을 꺼내기도 어색한 노릇이었다. 끼니를 메우다 말다 하면서도 누구를 탓하거나 누구에게 고마워해야 할 이유를 찾아볼 겨를 없이 망명의 나날은 쉬지 않고 흘렀다.

이에 앞서 안창호에게 보낸 단재의 편지에는 '몸은 한 모양이나 마음은 항상 여러 가닥'이라는 그의 참모습이 드러난다.

미국에 유학 오라는 권유에도 불구하고 자기 한 몸의 영달 따위를 바랄 겨를이 없었다. 일제 강점 아래 신음하는 고국의 동포를 해방시키는 일에만 그의 모든 관심이 매달려 있었다.

혁명 의지가 불타는 열혈아(熱血兒) 단재는 망명 후 도산과 헤어져 블라디보스토크에서 상하이로, 이제는 베이징으로 숨어 들어와서도, 더운 피를 차게 하는 미주의 안창호와 같은 준비론자들을 용납하지 않았다.

1913년 5월 13일 그가 미주에서 흥사단(興士團)을 발족시켰다는 소식을 듣고 단재는 마침내 도산과 결별을 선언했다.

"유길준(兪吉濬)이 하던 흥사단 이름을 가져다가 또 다른 파벌을 하나 만들려는군!"

"피흘려 싸워도 자주 독립을 쟁취하기가 어려울 텐데, 실력 배양의 수양 운동이나 하자니 딱한 작태로군! 준비라는 이름 아래 급박한 정황에서도 끝없는 망설임 속에 머물러 있으려는 것밖에 더 되는가."

도산과의 절교는 결국 도산의 흥사단 계열에서 크게 신임을 받게 되는 이광수와도 멀어지는 결과가 된다.

도산의 준비론보다 더욱 용서할 수 없는 것이 또 하나 있었다. "우리 민족은 아직 이렇다할 힘이 없으니 강대국의 힘을 빌어 독립을 하도록 노력해야 한다"는 이승만(李承晩), 이상재

등의 외교론(外交論)이었다. 그는 이들 외교론자들과도 아예 등을 돌려 버렸다. 문화를 내세워 혁명의지를 꺾는 문화론과는 타협의 여지가 있을 수 없었다. 그에게는 오직 투쟁을 통한 혁명만이 있을 뿐이었다.

해외 유학을 거부하고 망명객으로 참담한 현실과 씨름하면서 더 큰 이상을 향해 그는 희망찬 발걸음을 옮겼다.

중원(中原)벌 찬 바람 속에서 그의 혁명 의지는 더욱 거세게 단련되어 갔다.

그는 한때 베이징의 한 암자에 머물면서 조선사 연구에 매진하기도 했지만, 그것도 일 년 남짓뿐, 독립운동 대열에 뛰어들어 더욱 구체적인 활동을 벌여야 했다.

단재가 베이징에 머무는 동안 남양군도에서 3년간 방랑생활을 하던 벽초 홍명희가 이 곳에 도착했다. 다시 함께 일하게 된 두 사람은 거의 매일 서로의 숙소를 오가며 의견을 나누었다. 베이징에서 함께 지낸 달포 동안 단재와 벽초는 완전히 허물없는 사이가 되었다. 벽초가 귀국하고 난 후에도 두 사람은 쉬지 않고 서신 교류를 하였고, 벽초는 신백우와 함께 단재의 글을 국내 민족지에 발표하도록 주선하는 데 노력을 아끼지 않았다.

그 무렵 단재의 문명(文名)은 중국인 사이에도 널리 알려져,

단재는 베이징에서 간행되던 중국 유력지 《베이징 일보》와 《중화보(中華報)》 등에 논설을 싣게 되었다.

그의 탁월하고 비범한 경륜이 글마다에 생동하는 문체로 살아 있었다. 그의 논설로 한때 신문의 판매 부수가 크게 불어났고, 그는 중국 언론계의 주목을 받았다.

그러나 글자를 한 자라도 고쳐 싣게 되면 가차없이 글쓰기를 그만두었다. 그가 《베이징 일보》에 보낸 원고 중에서 '의(矣)'라는 토씨가 하나 빠진 채 글이 실리자, 격분한 단재는 당장 집필을 거절하였다. 신문사 사장이 찾아와 백배 사죄까지 했지만, 중국인들의 한국인에 대한 우월감에서 나온 행동이라며 끝내 집필을 거부, 불꽃 같은 성미를 굽힐 줄 몰랐다.

찢어 버린 3·1 독립 선언서

1918년 독일의 패전으로 제1차 세계대전이 끝나게 되자, 세계 정세는 약소 민족의 독립을 표방하는 쪽으로 흘렀다. 미국의 윌슨 대통령이 민족자결주의(民族自決主義)를 주창하면서 약소 민족의 독립 의지는 더욱 세차게 드러났다.

이러한 세계 정세를 재빨리 포착한 국내외 민족 진영에서는 이를 독립운동에 활용하려는 여러 움직임이 일었다. 한인

사회당(韓人社會黨)과 신한청년당(新韓靑年黨) 등 여러 단체가 조직되었으며, 급기야 1918년 12월에는 만주에서 활동하던 중광단(重光團)이 중심이 되어 〈대한독립선언서〉가 발표되기에 이르렀다.

'무오(戊午) 독립 선언'이라고도 불리는 이 최초의 독립선언서에 서명한 민족 지도자 39명 중에는 신채호의 이름도 들어 있었다. 독립 쟁취의 결의도 선명한 이 선언서에는 여준·김교헌·박용만(朴容萬)·김규식·이시영·김동삼(金東三)·이승만·조소앙·유동열(柳東說)·윤세복·박은식·신규식 등의 서명도 있었다.

아, 동심동덕(同心同德) 2천만 형제 자매여, 국민의 본령(本領)을 자각한 독립인 것을 기억할 것이오. 동양의 평화를 보장하고 인류의 평등을 실시하기 위한 자립인 것을 명심하게끔 황천(皇天)의 명명(明命)을 지봉(祗奉)하고, 일체의 사강(邪綱)에서 해탈하는 건국임을 확신하여, 육탄 혈전하여 독립을 완성할 것이다.

이 독립 선언문이 이 시기 독립 항쟁의 방향 설정에 큰 영향을 미쳤으며, 그 여운은 도쿄 유학생들의 2·8 독립 선언을 거쳐 3·1 만세 함성으로 이어졌다.

이처럼 만주 지역에서 독립 선언서가 발표되고, 독립 단체들의 활동이 확대되는 동안, 국내와 일본, 미주 등지에서도 그러한 움직임이 계속되었다. 동경 유학생들은 조선 청년독립단을 조직하고 민족 대회 소집 청원서와 독립 선언서 및 결의문을 반포하였다. 바로 2·8 독립 선언이었다.

적지(敵地)에서 벌인 이 용감한 항거는 곧 국내 민족 운동에도 불을 붙였다. 마침내 3월 1일, 민족 지도 역량을 집결하여 33인 민족 대표가 서명한 독립 선언문이 발표되면서, 삼천리 구석구석에서 숨죽이고 있던 민족의 독립 의지는 거대한 산체라도 무너뜨릴 듯 터져 나왔다. 처음 서울 파고다 공원에서 터져 나온 만세 함성은 순식간에 전국으로 확산되었고, 이어서 망명 교민들 사이에도 파급되어 한동안 항일 시위가 끊이지 않았다.

3월 1일의 거대한 함성에 세계는 깜짝 놀랐다. 한국이 순종만을 미덕으로 여기는 동양의 구석진 나라라고만 알던 생각들을 완전히 뒤엎은 우리 민족 독립 의지의 총화였다.

단재는 상해에서 3·1 만세 소식을 듣고 감격에 젖었다. 그러나 막상 최남선이 기초한 독립 선언서를 읽고는 크게 실망하였다. 그 내용이 너무 미온적이었기 때문이다.

"불과 몇 년짜리 운동을 선언했군! 이 판에 평화 운동이 다 뭐하자는 거요?"

단재는 탄식을 하다 못해, 예의 그 "에잉!" 하는 말투로 화를 벌컥 내며 선언서를 찢어 버렸다.

3·1 운동의 결과 온 국민의 염원은 대한민국 정부를 수립해야 한다는 데로 모아졌다. 그러나 국내와 국외의 연락이 어려운데다가, 블라디보스토크에 대한 국민의회, 서울의 한성정부, 그리고 상하이에는 상하이 임시정부로 세 갈래의 정부가 제각기 조직되어, 당장 하나의 구심점으로 통합되지 못하였다.

이 중에서도 상하이는 망명 독립 운동가들의 중심적 거점이 되어 있었다. 단재도 역시 이 곳에서 활동하며, 동지들과 함께 독립운동의 새로운 방향을 모색하는 일에 몰두하였다.

임시정부를 수립하는 데는 많은 의견이 갈렸다. 누가 정부의 중심이 되느냐 하는 문제였다. 국내 민족 지도자들이 주도할 것인가, 아니면 지금까지 목숨을 걸고 투쟁해온 망명 독립운동가들로 중심을 이룰 것인가 의견이 분분했다. 이때 단재는 한성정부의 법통을 따를 것을 주장했다.

상하이 임시정부에 비판적으로 참여

거듭되는 회의와 격렬한 의견 대립을 보이는 가운데, 전체적인 추세는 점차 이승만을 정부 수반으로 하자는 데로 흘렀다.

그러나 한편에서는 미국에 들어앉아 위임 통치나 청원한 이승만을 국무총리로 추대하자는 데 대해 격렬한 반대가 일었다. 단재는 단연 그 선봉이었다.

"미국에 위임 통치를 청원한 이승만은 이완용이나 송병준보다 더 큰 역적이오. 이완용은 있는 나라를 팔아먹었지만, 이승만은 아직 나라를 찾기도 전에 팔아먹으려 하질 않소! 그런데도 우리의 대표로 나설 수 있단 말이오?"

떳떳한 자립 정신도 없이 독립을 쟁취한다는 역사적인 과업에 뛰어든 이승만이 의아스러운 단재였다. 그는 서릿발 같은 논리로 그 부당함을 지적하였다.

그러나 회의 분위기는 계속 이승만을 지지하는 쪽으로 흘렀다. 단재는 더 참기 어렵다는 듯이 자리를 박차고 일어섰다. 그가 퇴장하려 하자 문을 지키던 젊은이들이 막아섰다.

"못 나가십니다. 정부 조직이 끝나기 전에는 이 방에서 아무도 나갈 수 없습니다."

눈물로 만류하는 청년들 눈에는 어느 새 살기마저 감돌았다. 그만큼 정부 수립에의 열망은 비장했다. 단재 또한 처음의 뜻을 굽힐 줄 몰랐다. 청년들의 협박과 위협에 오히려 호통을 쳤다.

"우리에게 이제 남은 것이 무엇이더냐? 대의(大義)밖에 더 있는가? 절개밖에 더 있는가? 민족적 대의가 용납할 수 없다!"

그래도 청년들이 비켜 서지 않자, "차라리 나를 죽이구려"하며 그들을 밀치고 회장을 나가 버렸다.

회의가 계속됨에 따라 각도의 대표를 선출하고, 국회격인 임시의정원(臨時議政院)이 구성되었다.

상하이 임시정부의 태동은 망국 정부의 수립이었다.

1919년 4월 10일 밤 프랑스 조계(租界) 진선푸 로(金神父路)에 있는 한 주택을 임시정부 청사로 하여 제1차 임시의정원 회의가 열렸다. 이날 단재도 다른 28명의 의정원 의원들과 함께 밤을 새워 가며 국호(國號) 및 국무원(國務院) 조직과 관제, 임시 헌장 등을 정하기에 여념이 없었다.

다음날인 11일까지 회의를 계속한 결과, 국호는 '대한민국'으로 정해졌고, 연호 및 정체(政體), 관제, 임시 헌장 10개조와 헌장 선포문, 선서문과 정강 6개조도 통과를 보았다. 또 애초에 대통령 중심제로 하자는 의견도 있었으나, 결국 국무총리를 수반으로 하는 내각 책임제로 정해지고, 국무위원을 뽑는 일도 마무리되었다.

어디에서 마련하였는지 옥색에 가까운 회색 비단천으로 지은 긴 두루마기에 검은 공단 마고자까지 걸치고 임시정부 청사를 드나들던 단재는, 이 박사를 거론하는 사람만 있으면, 절개도 없이 어떻게 역사적 대업을 밀고 나가겠느냐며 얼굴이 벌겋게 달아오르도록 흥분하였다. 이처럼 상반된 대립으로 오랜 시간 논의가 계속된 끝에 마침내 국무총리에 이승만이 결정되었다. 임시의정원 의장은 이동녕, 부의장은 손정도(孫貞道)가 맡게 되었다. 6부 총장으로 내무 안창호, 법무 이시영, 재무 최재형(崔在亨), 외무 김규식, 군무 이동휘, 교통 문창범(文昌範) 등이 선출되었고, 조소앙은 국무원 비서장이 되었다.

한편 단재는 계속 임시의정원에 남아 위원장의 중책을 맡았고, 전원 위원회와 각 상임 위원회를 주재해 갔다. 임시정부는 다시 구조를 개선하여 한성정부와 동일하게 대통령제로 하자는 움직임이 일었고, 대통령에 이승만을 추대하려고 했다.

그러나 단재로서는 위임 통치를 청한 이 박사와는 도저히 타협할 수가 없어 끝까지 반대 입장을 취했다.

그렇지만 다수의 뜻에 따라 이승만이 다시 대통령에 추대되자, 불 같은 성미의 단재는 임시의정원 전원 위원회 위원장 자리를 사임하고 임정 세력을 비판하는 데 앞장 섰다.

그는 날이 갈수록 모순점이 드러나는 임시정부에 대해 다시 붓대를 쥐고 맞섰다. 춘원이 주재하는 임정 기관지 《독립신문》이 창간되자, 1919년 10월 17일 신규식의 후원을 입어 주간 신문 《신대한》을 통해 철저하고 준열한 독립운동론을 폄으로써 《독립신문》과는 사사 건건 맞섰다. 단재는 점차 임시정부 자체가 대의에 어긋나는 것을 개탄하여, 임시정부를 부인하는 논설을 쓰기에까지 이르렀다.

그 결과 소위 '신대한 사건'이 일어났다. 임정측에서 비판적인 논조의 신문의 속간을 막기 위해 갖가지 방해 공작을 시도했고, 일제는 또 그들대로 첩보원을 신문사 감독으로 집어넣는 등 온갖 압력을 가해 왔다. 결국 망명지 상하이에서 《신대한》은 이러한 이중의 압력을 이기지 못하여 깃발을 거두고 막을 내려야 했다.

그렇지만 단재는 임정에 대해서 끊임없이 전면적 개편을 요구하는 '창조파'의 맹장으로 남아 있었다.

단재는 또한 임정과 신문사에서 활동하는 동안 청년들을 선도하는 일도 게을리하지 않았다. 대동청년당(大同靑年黨) 단장이 되기도 했고, 학생단과 신대한동맹단 등 청년 독립 단체를 이끌기도 했다. 또 의영학교(義英學校) 교장으로도 일하여, 교육 활동에도 지칠 줄 모르는 의욕을 보였다.

제5장 혁명의 맏아들

민중 항쟁의 거센 물결

《신대한》 사건을 계기로 상하이 임시정부와 깨끗이 결별을 선언한 단재는 보다 실천적인 독립 항쟁의 길을 찾아 떠돌다가, 연해주를 거쳐 베이징으로 돌아왔다. 상하이 임정의 내분과 갈등에 회의를 느낀 민족 지사들이 마지막 순정(純正)의 열정을 불태우기 위해 베이징에 몰려들었다.

전 재산을 바쳐 서간도에서 경학사(耕學社)와 신흥 무관학교를 세워 독립운동의 전사들을 대거 양성한 우당 이회영 형제를 비롯하여, 유림계 대표로 파리에 장서(長書)를 보내고자 상하이에 망명해 있던 심산(心山) 김창숙(金昌叔)도 베이징에 자리잡고 있었다.

우당과 심산, 그리고 단재는 베이징의 삼걸로 민중 항쟁의 거센 물결을 세차게 일으키고 있었다.

그 전후해서 단재는 미산(密山) 사건의 주동자로 한때 검거되기도 했다. 그가 영하 4, 50도의 추위가 몰아치는 헤이허(黑河)

근처에 머물며 한인청년무관학교 생도들을 상대로 클라우제비츠의 《전쟁론》과 혁명 이론을 번역하여 우리 역사 이야기와 함께 수업한 사실이 문제가 되었다. 이런 책자들은 청년 무관들의 전투 의식과 혁명 의지를 눈뜨게 하기에 충분했다.

헤이허(黑河)에서 체포되어 미산으로 끌려가 모진 고문을 받았다. 그러나 단재에게는 뚜렷한 다른 혐의가 없었기 때문에, 창자가 터지고 팔이 부러지는 만신창이가 되어 가까스로 풀려 났다.

동지들은 목숨이라도 건진 것을 다행으로 여기라고 위로했지만, 그는

"이런 보복까지 받은 이상 나는 죽더라도 헤이룽 강(黑龍江) 유역을 벗어나지 않겠소!"

하며 이를 갈았다. 그 곳에 남아 끝까지 독립 항쟁을 벌이겠다는 결의였다. 그런데 그가 이 땅에 남고자 한 것은 비단 복수의 칼을 가는 일념에서만은 아니었다. 이 곳에서는 우리 선대의 유적들이 끊임없이 발견되고 있어서 그지없는 애착이 남아 있었기 때문이기도 했다.

그러나 오래지 않아 3천여 명의 일본군이 그 곳에 들이닥쳐 독립운동 근거지를 소탕하는 바람에, 절대 떠나지 않겠다던 단재의 뜻은 물거품이 되고 말았다. 결국 그 땅을 두 번 다시

밟지 못했다.

헤이허에서 혹심한 고비를 넘겼던 경험은 오히려 그가 혁명가로서 더욱 굳건해질 수 있는 활력소가 되었다. 강철은 두드려야 더욱 단단해지는 법이다. 단재는 헤이허의 시련 속에서 '의롭게 죽으려 각오한다면 새롭게 살 수 있다'는 결의를 다지게 되었다.

다시 베이징에 돌아와 맞은 1920년, 그의 생애에 매우 뜻깊은 일이 벌어졌다. 무뚝뚝하고 오로지 일밖에 모르던 단재가 박자혜(朴慈惠)라는 한 여성 혁명가와 사랑에 빠져 마침내 결혼에까지 이른 것은 누가 보나 획기적인 일이 아닐 수 없었다.

마흔한 살의 단재보다 15세나 젊은 이십 대의 박자혜는 샌님 같은 그와는 대조적으로 성격이 활달하고 여장부다운 기풍이 있었다. 그리고 무엇보다 그녀의 강인한 혁명가적 기질은 단재와 나이 차를 넘어 서로 동반자적인 부부 사이를 가능하게 했다. 당시 옌징 대학(燕京大學) 의예과 학생이던 맹렬 여성 박자혜는 우당 이회영의 부인 이은숙(李恩淑) 여사를 통해 처음 그와 만나게 되었다. 국내에선 간호사로 독립운동에 뛰어들었다가, 일경의 검거 대상이 되자 단숨에 홀로 국경을 넘은 대담한 여성이었다.

조선총독부 부속 의원에서 간우회(看友會) 사건의 주동인물로 일경의 지목을 받게 되었고, 마침내 그들에게 체포되어 모진 고문을 당했다. 그리고 풀려 나자 곧 베이징으로 망명하여 새로운 독립 항쟁의 길을 찾고 있었다.

단재로서는 실로 얼마 만에 맛보는 따뜻한 행복인지 몰랐다. 그렇지만 결코 길 수 없는 신혼이었다.

단재는 부인에게, "나는 가정에 등한한 사람이니 임자도 아예 그러려니 생각하고 마음에 혹 섭섭함이 없도록 하시오" 하며, 아예 처음부터 못을 박아 두었다. 부인 역시도 큰일을 해내고자 싸우는 남편을 돕기로 작정한 이상 어떠한 불만도 있을 수 없었다.

결혼 일 년 만에 맏아들 수범(秀凡)을 본 단재는 무척이나 기뻐하였지만, 두 부부 생계조차도 어려운 망명가 살림에 아기까지 태어나자 곤란은 이루 말할 수 없었다.

2년 뒤 아들과 서울에 온 부인은, 산파일을 하며 구차하게 생활하면서도 무시로 찾아오는 독립 투사들을 숨겨주고 연락과 소식을 전해 주는 일들을 기꺼이 해냈다. 위험한 일이었지만, 남편을 돕고 나라를 구하는 일인데 마달 까닭이 없었다.

1926년도 다 저물어 가는 12월 28일, 한 길손이 소리없이 집안에 숨어들었다. 바로 의열단원 나석주(羅錫疇)의사였다. 악랄한 착취를 일삼는 동양척식(東洋拓殖) 주식회사와 식산은

행(殖産銀行)을 파괴할 임무를 띠고, 김창숙이 마련해 준 자금과 단재가 준비해 준 폭탄을 숨겨 갖고 잠입한 터였다.

나 의사는 박 여사의 길 안내로 보아 두었던 식산은행에 폭탄을 던졌으나 불발로 실패하자, 다시 동양척식회사로 뛰어 두번째 폭탄을 던졌다. 천하를 뒤흔드는 폭음과 함께 시뻘건 불길이 솟았다.

나 의사는 추격해 오는 일본인과 싸우다가 마지막 남은 한 발로 목숨을 끊었다. 단재의 영향을 받은 나 의사의 장쾌하고도 거룩한 죽음이었다.

이승만 성토 후 무력 투쟁 추진

1921년 가정의 보금자리가 마련된 뒤 한동안 단재는 왕성한 활동을 펴 나갔다. '하늘의 북소리'라는 뜻의 한문잡지 《천고(天鼓)》를 심산과 함께 만들어 민족 운동과 역사 탐구의 북소리를 베이징 천지에 울렸다.

하늘의 북이여! 한 번 치면 우레 소리가 나고, 두 번 두드리면 기세가 산과 같으며, 세 번 치면 의사(義士)들이 구름같이 모여들고, 다섯 번 여섯 번 두드릴 때마다 적의 모가지가 낙엽처럼 흩날린다.

그가 42세가 되는 새해, 《천고》의 신간 축사에서 이처럼 외쳤다. 그 뒤로 그는 《천고》가 7호까지 발간되도록 이 잡지를 만드는 일에 모든 정열을 다 쏟아 부었다.

그리고 4월 19일에는 민족의 독립을 강대국에 맡겨 호소하려는 움직임이 짙어지고 있는 상하이 임정을 성토하는 글을 발표하여, 올바른 독립운동의 길을 밝혔다. 일찍이 저들의 노예적인 자세에 격분하여,

"나라를 살리기도 전에 정신이 먼저 죽고 말았구나!" 하고 탄식하며 임정을 떠나온 그였다.

단재가 작성한 성토문에는 뜻을 같이하는 애국 지사 54명이 서명하여 상하이 임정 지도층의 활동에 매서운 채찍질을 하였다. 김창숙 · 김원봉(金元鳳) · 서왈보(徐曰甫) · 이극로(李克魯) · 장건상(張建相) 등 쟁쟁한 독립 투사들이 서명에 참가하여 상하이 임정은 큰 타격을 받았다.

단재 등 54인 민족 지사의 성난 호통은 상하이 임정에 따끔한 각성제가 되었을 뿐더러, 자신들이 준비하는 군사 통일회 성립의 정당성을 마련하는 한편, 더 나아가 임정의 해체를 기도하는 또 다른 뜻도 지니고 있었다.

참된 독립 정신 아래 조국의 광복 운동을 펼쳐 나감에 있어서 단재는 무장 독립 투쟁에 나설 것을 끝내 굽히지 않았다.

그리하여 박용만, 신숙(申肅) 등과 주축을 이루어 군사통일촉성회를 준비해 갔다. 단재는 또 여기에서 국민 대표회를 소집할 것을 결의하자, 그 계획에 박차를 가하기 위해 통일책진회를 구성하여 큰 호응을 불러일으켰다.

그가 작성한 〈통일책진회 발기 취지서〉부터가 매우 설득력이 있었다.

1) 진정한 독립 정신 아래 광복 운동을 하고,
2) 정부 문제를 근본적으로 해결하고 시국을 수습하며,
3) 군사 각 단체를 완전히 통일해 혈전을 꾀한다.

이제 일제에 대항해 독립을 쟁취할 수 있는 방법은 무력 군사 투쟁밖에 없다는 생각에 많은 애국 지사들은 뜻을 같이하게 되었다.

활기찬 역사 연구

단재의 역사 연구는 상당히 진전되어 나갔다. 그는 조직활동과 역사 연구에 아낌없는 정열을 쏟아 부으며 몇 사람 몫의 일을 해냈다.

당시 학술 연구차 베이징에 와 있던 국어학자 환산(桓山) 이 윤재(李允宰)가 자주 그에게 들러 한국 고대사에 대한 구상과 연구 현황을 들으며, 서로 올바른 역사를 널리 알릴 여러 의 견을 나누기도 했다.

환산 또한 우리 역사가 크게 잘못돼 있다는 사실을 뼈저리 게 느껴 오던 터여서, 단재가 실제 유적들을 답사하며 정확한 역사를 쓰고 있다는 사실이 그렇게 반가울 수가 없었다.

"어느 나라나 마찬가지겠지만 우리에겐 고대사 문헌이 너무 부족하여, 있는 사실이 진짠지 가짠지 분별하지 못하는 게 허 다하지요. 한 예를 들면 단군이 처음 나라를 연 곳을 두고 영 변(寧邊) 묘향산(妙香山)이니 백두산이니 하며 갈피를 못 잡고 있지 않습니까? 선생의 말씀처럼 국내외 각지에 흩어져 있는 사적을 실지 답사하여 지금까지 내려오던 사실의 부족을 깁 고 잘못된 점도 바로잡아야 합니다."

"역시 같은 생각이시군요. 베이징 동쪽 근교에만도 훌륭한 조선의 고적들이 여러 군데 남겨져 있는데, 누가 찾기나 했습 니까? 밤낮 사료를 한반도 안에서만 찾으려 했지요. 그러다 보니 불투명한 부분에 가서는 억지로 끌어다 맞춘 사실이 한 두 가지가 아니어요. 지금의 하르빈 근처 아사달(阿斯達)을 황 해도 구월산(九月山)이라 하지를 않나, 기자(箕子)가 평양에 도

읍하였으니 동명성왕(東明聖王)의 도읍 졸본(卒本)이 평안도 성천(成川)이라지 않나, 터무니없는 사실이 얼마나 많습니까? 이런 것은 오랜 옛적의 일이라 혹시 그럴 수 있다고 치더라도, 근세사에 와서까지 제 조상을 빛내기 위해서 사실을 뒤바꾸는 일이 허다함은 참으로 한심한 일이지요."

"단재 선생! 이러한 역사를 바로잡을 수 있는 분은 선생뿐입니다."

"그렇지 않아도 수년 전부터 조금씩 써 둔 것이 있지만은 아직 좀 덜 된 데가 있고, 또 연구도 미흡한 것 같아서……."

환산은 너무 반가워 단재의 손을 덥석 잡았다. 처음에는 아직 내놓기가 쑥스럽다고 보여주기를 완강히 거부하던 단재도 환산의 집요한 부탁에 못 이겨, 궤짝 깊숙이 넣어 둔 원고 뭉치를 꺼냈다.

모두 다섯 책으로 분류되어 있었다. 〈조선사 통론(通論)〉, 〈문화편〉, 〈사상 변천편〉, 〈강역고(彊域考)〉, 〈인물고(人物考)〉로 되어 있었으며, 이 밖에도 부록을 첨가할 예정이라고 했다.

원고를 본 환산은 숨이 막힐 것 같았다.

"이것을 어서 출판하도록 합시다."

"아니오. 아직 수정 보완해야 할 점이 적지않이 남아 있어 완전히 끝낸 후에 하려고 해요."

"그럼 더 잘됐어요. 수정하면서 철자법도 함께 바로잡으면 어떨까요?"

"물론 좋지요. 그것은 선생이 맡아서 전부 고쳐 주시오."

이 나라의 위대한 역사학자와 국어학자는 정확한 국문 철자법으로 쓰여진 올바른 역사책이 국민들에게 선보일 것을 상상하며 기쁨을 억제하지 못했다. 자신들의 전 생애를 걸고 다져 온 작업이 아니던가.

그들은 곧바로 책 출판을 위한 여러 작업에 대해 머리를 맞대고 숙의하였다. 환산은 우리말 활자가 필요하고, 또 책을 국내로 들여보낼 때 검열이 까다로운 점을 들어, 원고만 국내로 보내 그 곳에서 인쇄하자고 했다. 그렇지만 단재는 이곳 인쇄비가 훨씬 싸고, 국내 반입 문제에서도 비밀스러운 책도 아니고 학술 서적인데 무슨 문제가 있겠냐면서 이곳 중국에서 속히 출판하자고 우겼다.

결국 단재의 의견에 따르기로 하고 환산은 자금을 모으러 다녔다. 그렇지만 단재의 역사책을 내기에는 엄두도 못내게 모자랐다.

결국 이 귀중한 조선사 원고는 이때 책으로 발간되지 못한 채《조선일보》지상에 부분적으로 실렸을 뿐이었다.

그 후 단재의 신변에 커다란 변화들이 일어나면서 이 원고의 태반이 유실되고 말아, 그 문화적 손실은 이루 다 헤아릴 수 없을 정도로 컸다.

망명 시절 희망의 심지를 돋우어 나가는 동안 그는 어느 새 청년들 사이에 정신적 지주로서 자리를 굳혀 갔다. 그러나 사생활은 말할 수 없이 궁핍하여, 가족과도 생이별을 한 후 다시 하숙집 생활을 이어 가고 있었다. 역사와 씨름하며 독립운동에 몰두해야 하는 마당에 가족을 돌보기가 어려워 아내와 수범을 훌쩍 고국으로 떠나 보낸 게 몹시 마음에 걸리기는 했지만, 반드시 큰일을 이루고 돌아가겠다는 다짐을 그들에게 보냄으로써 스스로를 달랬다.

그즈음 베이징에는 6백여 명의 한국인이 머물고 있었는데, 한결같이 이념을 달리하는 파벌을 이루고 있었고, 하다 못해 출신 지역에 따라서도 인맥이 형성되어 끼리끼리 모이고 있었다. 단재는 상하이에 못지 않은 파쟁에 지쳐서 허탈해 하던 끝에, 나름대로 민족 혁명을 소신껏 밀고 나갈 지름길을 찾기에 골몰했다.

장엄한 혁명 선언

1922년 겨울, 베이징의 매서운 바람이 창문을 요란하게 흔들어 대던 어느 날 밤, 발자국 소리조차 바람 소리에 감춘 채 어두운 그림자 하나가 은밀하게 그의 방에 숨어 들었다.

"저는 김원봉이라고 합니다."

"반갑소! 동지의 활약상은 익히 들어 알고 있소. 참 장한 일이오."

약산(若山) 김원봉은 당시 의열단(義烈團)이라는 항일 의거 단체를 만들어, 신출 귀몰하여 격렬한 의거 활동을 벌이고 있었다.

처음에 저명한 역사학자며 민족 운동의 대선배로만 알고 단재를 찾아왔던 약산은, 그가 고루한 민족주의자가 아니라 진보적인 사상을 갖춘 투철한 혁명가임을 곧 파악하고는 크게 감복했다. 관념만으로 똘똘 뭉친 여느 민족 운동가들과는 달리 단재는 의열단의 무력 급진 투쟁 노선과도 그 맥을 같이 하고 있었기 때문에, 의열단으로서는 크나큰 지도자를 얻은 셈이었다.

약산은 곧 단재에게 의열단 고문이 되어 줄 것을 제의하였다. 마침 심산 김창숙도 의열단 고문으로 일하고 있어 단재는 선뜻 승낙하였다. 그러자 김원봉은 다시

"단재 선생을 동지로 모셨으니 이제 정식으로 의열단 선언을 만들어야겠습니다. 선생께서 현재의 지지부진한 독립운동

에 새 바람을 일으킴은 물론 민족 역사에 길이 빛날 선언문을 쓰시어 우리 온 동포를 이끌어 주십시오"
하고 말했다.

그때까지 의열단은 자신들의 폭력 투쟁이 가장 적절한 독립운동의 방법이라고 사람들에게 설득시킬 만한 혁명이념을 세우지 못하여, 암살·파괴를 일삼는 테러 단체라는 인상만 강하게 풍기고 있는 형편이었다.

약산의 제의를 쾌히 승낙한 단재는 그와 함께 상하이로 갔다. 그리고 거기서 약산은 외국인 기술자까지 고용하여 고성능 폭탄을 완성시켰고, 단재는 6천4백여 자에 이르는 의열단 선언인 〈조선 혁명 선언〉을 탈고하였다.

의열단 활동의 취지와 행동 강령이 담겨 있을 뿐만 아니라, 끝까지 싸워 마침내 자유를 찾고야 말겠다는 결의가 시퍼런 〈조선 혁명 선언〉은 장엄한 민족 운동의 헌장이 아닐 수 없었다.

피로써 쓰여진 선언서를 받아 쥔 의열단원들은 벅찬 감격에 몸을 떨었다. 일제 요인과 기관을 암살, 파괴하기 위해 목숨을 아끼지 않고 뛰어드는 의열단원의 가슴속에 자신이 이 나라 독립 혁명의 주역임을 자부하는 기쁨이 충만하게 된 것도 바로 이 〈조선 혁명 선언〉을 지니고 있었기 때문이었다.

민족 독립을 자주적으로 달성하기 위한 장기적인 싸움에서 승리하기 위해선 민중의 힘이 필수 요건이었다.

혁명의 길은 바로 파괴로부터의 건설에 있으며, 정녕 민중만이 나아가면 파괴의 '칼'이 되고 들어오면 건설의 '깃발'이 된다고 하여, 민중 한 사람 한 사람이 바로 혁명을 이끌 가장 주체적인 힘이 됨을 밝혔다.

> 민중은 우리 혁명의 대본영(大本營)이다.
>
> 폭력은 우리 혁명의 유일한 무기다.
>
> 우리는 민중 속에 가서 민중과 손을 잡고 끊임없는 폭력—암살·파괴·폭동—으로써 강도 일본의 통치를 타도하고, 우리 생활에 불합리한 일체 제도를 개조하여, 인류로써 인류를 압박치 못하며 사회로써 사회를 수탈하지 못하는 이상적 조선을 건설할지라.

하나뿐인 무기가 민중 혁명에 있음을 깨닫게 함은 물론 민중이 직접 실천해 나가야 한다는 행동 지침까지도 마련했다.

어느 날 그가 베이징에서 홀연히 자취를 감추었을 때, 당시 베이징 삼걸로 두터운 친분을 나누던 우당 이회영과 심산 김창숙은 그가 혹시 굶주리다 못해 어디서 객사하지나 않았나 걱정이 태산 같았다.

그러고 나서 계절이 세 번쯤 바뀐 무렵이었다. 문득 우당의 집에 나타난 단재는 뜻밖에도 검은 승복에 염주를 늘어뜨리고 있었다.

"아니, 단재! 이게 어쩐 일이오. 그새 출가(出家)라도 하였단 말이오?"

"사실 먹고 살기 어려워 절밥을 좀 얻어 먹었소이다. 산사(山寺)에 있자니 책 읽기에도 여간 좋은 게 아닙니다."

사람들은 그의 솔직함에 객적은 웃음을 터뜨릴 수밖에 없었다. 동지의 어려운 사정을 빤히 알고 있으면서도 별다른 도움을 못 줄 만큼 이들 망명 지사들의 신세도 형편없었다. 오죽하면 승려 생활을 청산하려는 단재가, "이제 이 승복은 필요없게 되었으니 규창이 옷이라도 만들어 주시구려"할 정도였을까.

이 규창 소년은 바로 우당의 아들이었다. 서울에서 내로라하는 명문가였던 우당조차 독립군 양성에 재산을 모두 바쳐 아들의 옷마저도 변변히 마련해 주지 못하였다. 규창 소년이 일주일쯤 갑작스럽게 결석하면 필시 그나마 한 벌 있는 교복이 전당포에 가 있었기 때문이었다. 단재의 승복으로 새옷을 해 입은 규창 소년은 한동안 학교를 결석하는 일이 없었다.

혁명의 칼 푸르게 갈며

단재는 관음사의 암자에서 도를 닦는 동안 실제로 많은 저술을 완성시켰다. 망명 온 뒤 참으로 오랜만에 한가한 시간을 갖게 되어 시적 여흥도 되살아났다.

다만 〈1월 28일〉이란 시에서처럼,

> 열 해를 갈고 나니
> 칼날은 푸르다만
> 쓸 곳을 모르겠다.
> ……
> 푸른 날이 쓸 데 없으니
> 칼아, 나는 너를 위하여 우노라.

하는, 혁명적 격동이 격렬하게 치솟는 점이 예전과는 달랐다.

푸르디푸른 민족 혁명의 칼날이 아직 칼집에 꽂혀 있음에서인지, 이 무렵 단재가 완성한 시편들은 한결같이 애국적인 넋과 뜻을 펴지 못한 채 방황하는 망명객의 심회를 읊고 있었다.

계해년 가을, 이제 44세가 된 단재는 지금까지 자신이 생사를 걸고 추구해 왔던 것이 진정 무엇이었을까 새삼 확인해 보고 싶었다.

하늘과 바다가 넓고 넓구나.

마음 놓고 다녀도 거칠 것 없네.

생사를 잊었는데 병이 무엇인가.

명리(名利)를 떠났거늘 무얼 구하랴.

곳곳이 강과 호수, 배 탈 수 있고,

눈과 달이 사람 불러 같이 거니네.

애닯게 시 읊는 것 웃지 말아라.

천추에 뜻 아는 이 응당 있으리.

　그가 〈계해년 10월 초 2일〉이라 제목을 정한 이 시에서, 천추의 품은 뜻이란 바로 나라를 찾는 항쟁 그것 외에 무엇이 있겠는가.

　이처럼 시를 써본 것은 어디까지나 여가를 이용한 것이었고, 그가 관음사에서 본격적으로 매달린 일은 역시 역사연구였다. 〈전후 삼한고(前後三韓考)〉를 비롯하여 《조선상고사》의 〈총론〉 등을 완성했으며, 1924년에서 그 이듬해에 걸쳐 《동아일보》와 《조선일보》를 통해 모처럼 국내에 소개된 대부분의 역사 논문과 저작들도 이 무렵에 집필되었다.

　그는 입산(入山)하기 전에, 당시 귀국하여 《동아일보》 편집국장으로 있던 벽초 홍명희의 요청으로 〈조선 고래(古來)의 문자와 시가(詩歌)의 변천〉을 신년호에 선보였다. 그러자 오랜만에 그의 명쾌한 글을 대한 조국 독자들은 열화와 같은 성원을 보냈다. 벽초도 반응이 좋자 그에게 계속 원고를 보내 줄 것을 요청했고, 단재 자신도 그 동안 정리해 둔 글들이 국내 신문에 지면을 얻게 되어 기뻐하는 가운데 더욱더 사론(史論) 집필에 박차를 가하였다.

또 한 가지 기쁨은 신문사에서 받게 되는 원고료가 서울에 있는 가족들의 어려운 생활에 조금이나마 보탬이 되리라는 점이었다. 그리하여 〈삼국지 동이열전(東夷列傳) 교정〉, 〈평양 패수고〉, 〈조선역사상 1천년래 제일 대사건〉 등이 계속 연재되었고, 그의 투철한 문학관을 보여주는 〈낭객(浪客)의 신년 만필〉도 《동아일보》 신년호에 소개되었다.

이러한 글들에서 보이는 단재의 고대사 연구는 고조선과 삼한의 경계 안의 땅에 대한 고증, 고조선의 성격에 대한 구체적 해명, 그리고 민족사적 전통 사상의 발견에 역점을 두고 있었다.

한편 단재는 심산, 우당 등과 다시 교류하여, '다물단(多勿團)'에서 고문으로 활약했다. '다물'이란 '광복', '국권 회복'이란 뜻을 가진 옛말로서, 다물단은 이름만 들어도 적들의 간담이 서늘해지는 무시무시한 독립운동의 행동대였다.

다물단의 첫 목표로, 친일 고등간첩 김달하(金達河)가 제거되었다. 그는 일제로부터 받은 공작금으로 호화판 생활을 하며, 궁핍한 망명객들을 돕는 척 저들 쪽으로 회유하는 공작을 펴고 있었다.

이런 악질 고등간첩을 없애 버린 뒤 다물단에서는 또 하나의 고등첩자로 지목된 박용만(朴容萬)을 처치하여 온돌방 구들에 암매장하였다. 몇 달 뒤에야 시체가 발견되어 베이징 바닥이 떠들썩했지만, 다물단 관계 인사들에게는 별탈이 없었다.

불타는 깃발 들어

단재 신채호는 잃어버린 나라를 찾고, 2천만 민중의 생존을 보장하려는 참뜻에서 혁명의 맏아들이 된다.

구국 항쟁의 민족적 대업은 민중 혁명으로써 이룩할 수 있다. 단재는 혁명의 용광로가 되어 무정부 운동으로 세차게 구국 대열에 나서야 했다. 그는 당시 베이징 대학 교수로 문명을 떨치던 루신(魯迅)과 러시아 시인 에로셍코, 대만 청년 판 번리앙(范本梁) 등과 접촉하면서 무정부주의 사상으로 접근해 갔다.

그리하여 1924년 겨울 베이징에서 처음 결성된 재중국(在中國) 조선무정부주의자 연맹의 기관지인 《정의공보(正義公報)》에 논설을 실으면서, 차츰 이 운동에 열기를 더하기 시작했다.

언론인이자 문필인, 역사 연구가로 나라 안팎에 명망이 높아 가던 단재의 초인적인 문필 활동은 《조선상고사》의 집필로 그 무렵 황금 시대를 장식했다.

1927년 봄 민족주의자와 사회주의자가 통일 전선을 결성하여 합법적인 항일 투쟁을 벌이기 위해 서울에서 창립을 본 신간회(新幹會)에 단재도 발기인으로 참가하였다.

월남 이상재가 초대 회장이었고, 만해(萬海) 한용운(韓龍雲)이 서울 지회장으로 활약한 신간회는, 《조선일보》 맹장들이 주류를 이루었으며 각계 각층의 비타협적 민족 운동가들이 대거 참여하였다.

'조선 민족의 정치적 · 경제적 해방의 실현'을 위해 '모든 개량주의 운동을 배격하며 전민족의 현실적 공동 이익을 위하여 투쟁할 것'을 강령으로 정한 신간회 운동은, 국민들의 큰 호응으로 지회만도 1백여 개가 넘어 민간 정부의 역할마저 꾀할 수 있었다.

그러나 이 운동은 사사 건건 일제 총독부와 마찰을 빚다가, 1929년 12월 광주학생운동 조사 보고를 위해 개최하려던 민중 대회 준비 때 신간회 간부들과 그 자매 단체인 근우회(槿友會) 간부가 대거 검거됨으로써 침체되기 시작했다. 그 뒤로 계속되는 총독부의 탄압과 신간회 내의 사회주의자들의 책동으로 결국 해체되고 말았다.

모처럼 큰 세력을 떨친 항일운동 단체가 와해되고 난 후로 국내의 항일운동은 거의 지하로 숨어들어 숨을 죽여야 했다.

이렇게 되자 단재는 나라를 찾기 위한 싸움을 적극적으로 펼치기 위해 다른 방법을 모색해야 했고, 무정부주의에로의 전향은 바로 이러한 과정에서 이루어졌다고 할 수 있다. 그는 1927년 무렵 난징(南京)에서 수립된 무정부주의 동방연맹에 가입하였으며, 무정부주의 선전·기관지인 《탈환》, 《동방》 등의 잡지에도 관여하며 적지 않은 글을 기고하였다.

그러나 그가 본격적으로 연맹에 참여하기는 1928년 4월 조선인 무정부주의자들의 베이징 동방연맹대회부터였다. 그가 이 대회에서 발표한 선언문은 대회에 참여한 모든 투사들의 가슴에 태양열로 뜨겁게 스며들었다.

무정부주의란 다수 민중을 통치하는 지배 계급을 완전히 부정하는 사상이었다. 역사의 발달 과정을 보면 처음 자유·평등의 사회로부터 지배자가 생겨난 후, 지배자는 점점 자기의 권력에만 집착하여 민중을 노예처럼 복종시키기 위해 소위 법률과 형법 따위를 만들고 명분이니 윤리니 하는 도덕률을 조작하였다며, 무정부주의자들은 집권층 자체를 민중을 약탈하는 강도로 몰았다.

단재는 이러한 주장을 선언문에서 밝혔다.

알 것이다. 우리의 생존은 우리의 생존을 빼앗는 우리의 적을 없애 버리는 데서 찾을 것이다. 일체의 정치는 곧 우리의 생존을 빼앗는 우리의 적이니, …… 저들이 존재를 잃는 날이 곧 우리 민중이 열망하는 자유·평등을 얻어 무산 계급의 진정한 해방을 이루는 날이다.

단재가 무정부주의에 공감하게 됨은 민중을 집권층의 압제로부터 구원할 뿐 아니라, 제국주의 세력에 짓밟힌 약소민족의 권리 회복까지도 지향하고 있어서였다. 일본 제국주의로부터 우리 민족을 해방시키는 일이야말로 그의 생애 최대의 과업이 아니었던가.

우리 무산 민중의 최후 승리는 필연적으로 정해진 사실이지만, 다만 동방 각 식민지·반식민지(半植民地)의 무산 민중은 옛부터 석가·공자 등이 건설한 비린내 나는 정치의 그물에 걸리어 수천 년 헤매다가, 하루아침에 영국·프랑스·일본 등 자본 제국 경제적 야수들의 경제적 착취와 경제적 압력이 전속력으로 전진하여 우리 민중을 맷돌의 한 돌림에 다 갈아 죽이려는 판인

즉, 우리 동방 민중의 혁명이 만일 급속도로 진행되지 않으면 그
존재를 잃어버릴 것이다.

제국주의 세력에 빼앗긴 나라를 되찾기 위해서도 무정부주
의 혁명은 필요하다고 그는 선언하고 있다.

단재는 민중 혁명의 불타는 전위(前衛)로서, 생애 마지막으
로 동방연맹에 뛰어들었다. 이미 가슴에는 비장한 결심이 서
있었던 까닭에, 1928년 1월 1일 《조선일보》에 〈예언가가 본
무진(戊辰)〉이란 신년사를 실었다. 자기 한몸이 민족의 미래에
해가 되어 비출 수 있기를 열망하는 외침이었으며, 이것은 국
내 신문에 활자화되는 그의 마지막 글이었다.

또 그는 이 무렵 대표시 〈너의 것〉에 이어, 민중 혁명의 꿈
과 이상을 우화적 수법으로 다룬 〈용과 용의 대격전〉이라는
혁명 소설도 완성하여 장차 몸바쳐 해 나갈 큰일을 위해 마음
을 가다듬었다.

이제 그는 자신의 운명을 예감했다. 지금부터 더더욱 가열
한 싸움이 전개될 터여서, 앞장서서 육신까지도 무기로 삼으
려 하였다.

그런데 몇 년 전부터 시력이 극히 악화되기 시작했다. 그간
너무 무리한 독서와 집필 생활을 해 온 때문이었다. 끊임없이

안질로 고생하면서도 책을 놓지 않았기 때문에 시력이 악화되다 못해 거의 실명의 단계에까지 이르렀다.

단재는 빛을 잃기 전에 한 줄기 혈육인 아들을 한번 보고자 했다. 애비의 돌봄 없이도 잘 자라고나 있는지, 아들이 자라는 모습을 본 후라야 앞으로의 싸움에서 숨을 거둘 각오가 더욱 단단해질 것 같았다.

국내로 그러한 연락이 닿자, 부인 박자혜 여사는 아들 수범을 데리고 눈보라를 무릅쓰고 국경을 넘어 베이징으로 달려왔다. 서울에 있던 동지들이 급히 여비를 모금해 주어, 사나흘이나 걸리는 지루한 기차 여행 끝에 베이징에 도착했다.

남편을 만나야 한다는 일념만으로 앞뒤 가리지 않고 달려오긴 했지만, 이곳 이역 땅에는 이 낯선 방문객을 노리는 위험이 곳곳에 도사리고 있었다. 쌍두마차를 빌려 타고 한밤중에 화북(華北) 지역을 통과할 때는 이들 모자를 유곽에 팔아 넘기려는 마부들의 계획에 꼼짝없이 말려들 뻔했다. 마침 마음 좋은 여관 주인의 도움을 얻을 수 있어 구사일생으로 위기에서 벗어날 수 있었다.

그리하여 마침내 6년 만에 가족이 한 자리에 모일 수 있었다. 불과 한 달이면 끝날 망명 생활이었지만, 오랜 만에 훈훈한 가정의 모습을 되찾았다. 두 살 때 헤어져 여덟 살이 되어서야 만난 아버지가 처음에는 서먹서먹한 수범이었지만, 아버지의 자상한 보살핌 속에 금방 친해질 수 있었다.

"아버지, 앞으로는 이렇게 매일매일 같이 있는 거죠?"

어린 아들도 뭔가 눈치를 챘던지 자주 아버지에게 이런 확인을 받곤 했다.

그렇게 한 달이 지난 어느 날, 어머니는 돌연 짐을 꾸렸고 아버지께 큰절을 올려 인사드리라고 하였다. 수범은 섭섭하였지만, 그가 훌륭한 사내로 자라났을 때 아버지와 다시 만날 수 있을 거라는 얘기를 믿고 서울로 향했다. 그러나 그게 아버지와의 마지막 순간이 될 줄이야.

베이징에서의 이 한 달 동안의 만남은 단재 가족들로서는 생애 가장 뜻깊었던 순간이 아닐 수 없었다. 부인 박자혜 여사는 이 때의 인연으로 귀국한 후에 둘째 아이 두범(斗凡)을 낳았고, 아들 수범으로서는 영원히 간직한 아버지와의 추억을 얻을 수 있었다. 단재 역시 가족에 대한 죄책감에서 어느 정도 벗어나 적극적으로 구국 항쟁에 뛰어들 수 있었다.

꿍작금 마련하다 피수(被囚)의 몸

단재는 가족을 돌려보낸 1928년 4월이 되자 대만인 청년 동지 린 핑원(林炳文)과 함께 톈진(天津)에서 무정부주의자 동방연맹대회를 여는 데 주동적 역할을 했다. 이 대회에는 한국을 비롯하여 일본, 중국, 인도, 월남, 대만 등 각국 대표 1백여 명이 참가하여 대규모의 국제 회의를 방불케 했다.

한국인 무정부주의자들은 이 톈진 대회와 베이징 회의 등을 통해 대일 항쟁 계획을 세웠다. 무정부주의 선전·기관지 발행과 일제(日帝) 기관을 파괴하고 요인을 암살하는데 사용할 폭탄 제조소 설치에 대해서도 꽤 구체적인 계획까지 세워 두었다.

그런데 문제는 자금이었다. 비상 수단으로 이 모든 일을 진행하는 데 필요한 돈을 위조하기로 했다. 외국 지폐 위조 작업에 들어가 모두 6만 4천 원에 해당하는 위폐를 찍어 냈다.

그런데 이제부터가 문제였다. 이 위조 지폐로 은행에서 돈을 찾아야 하는데, 거기에는 많은 위험이 뒤따랐다. 서로 얼마씩 맡아 가명을 사용하여 다롄(大連)과 일본 등지로 흩어져 돈을 찾기로 했다.

단재는 임병택이라는 가명으로 일본에서 돈을 찾으려다 그만 들통이 나버렸다. 그는 대만으로 피신했으나 지룽(基隆)에서 포로의 몸이 되고 말았다. 그는 곧 다롄으로 압송되어 재판을 기다리는 미결수가 되었다. 게다가 함께 일을 추진했던 대만인 린 핑원도 체포되고 말아, 이들의 계획은 완전히 수포로 돌아갔다.

더군다나 안타까운 일은 재판을 기다리던 도중 고문에 못 이겨 린 핑원이 옥사(獄死)하고 만 사실이었다. 그러나 살아 남은 나머지 사람들의 앞날도 평탄할 리가 없었다.

마침내 2년을 끈 재판 결과 단재는 사상범으로 징역 10년의 실형을 선고받았다 그리하여 1930년 4월 하순 무렵, 바깥에는 온갖 꽃과 신록들이 어우러져 봄맞이가 한창인데, 그는 붉은 수의를 걸친 채 뤼순(旅順)의 침침한 감방으로 옮겨졌다.

그리고 차디찬 철창 속에서 민족의 희망을 뜨겁게 앓으며 50대 초로의 나이로 접어들었다. 이 곳에서 꼼짝없이 남은 8년의 세월을 버텨야 할 텐데 몸이 말을 들을 것 같지 않아 자꾸 불길한 예감에 사로잡혔다.

국내의 가족들이 몹시도 어려운 생활을 하고 있다는 소식이 들려오는데도, 아내는 가끔씩 옷가지와 책들을 보내왔다. 아내의 고생은 짐작하고도 남음이 있어, 어느 날 그는 편지를 썼다.

"내 걱정은 말고 마음이나 편하게 지내구려, 정 어렵거든 아이들을 고아원에 보내시오."

큰일을 위해 자신의 가족조차 포기해야 하는 비통한 상황이었다. 독립운동에 몸담고 있던 다른 지사들 사이에서도 보기 드문 일이었다.

이제 그가 감옥에 갇힌 몸이 됨으로써 지금까지 추진해 왔던 독립 투쟁은 물론 역사 연구까지 중단되는 안타까운 사태에 직면했다. 감옥 속에서도 그의 조국 독립에의 의지와 역사 연구에 대한 열정은 식을 줄 몰라, 그 열정에 못이겨 때로는 손에 피가 맺히도록 감방 벽을 두드리며 처절하게 절규하였다.

아픈 가슴 안고 운명의 길로

그러나 국내 동지들이 이 안타까운 일에 대해 묵묵히 바라보고 있지만은 않았다. 한때《동아일보》에 연재되었던 고대사 관계 논문들을 정성스럽게 모아,《조선사연구초(草)》라는 한 권의 책으로 꾸며 세상에 내놓았다.

본래 신문 연재가 끝나는 대로 책으로 출간할 예정이었으나, 저자인 단재가 연구가 부족하다는 이유를 들어 완강히 거부하였으므로 그 때는 실현을 보지 못하였던 일이었다. 그러나 이제 그의 연구가 중단된 이상, 이대로라도 국내 독자들에게 선보여야 마땅하다는 게 그의 글을 아끼는 사람들의 생각이었다.

그리하여 1913년에는 단재가 베이징에 보관해 두었던 〈조선사〉 원고가 《조선일보》 지상에 무려 103회에 걸쳐 연재되었다. 이것이 바로 뒤에 《조선상고사》가 되는 귀중한 저술이었다.

《조선일보》는 이에 그치지 않고 이어서 그의 〈조선상고문화사〉도 모두 40회에 걸쳐 연재하였다. 이것은 매우 새로운 역사 서술로 독자들로부터 커다란 호응을 얻어냈다.

우리 문족 문화를 말살하려는 일제의 간악한 술책에 제대로 항거조차 못 하고 있던 동포들에게 《조선일보》 학예란을 통해 연재된 두 저술은 그야말로 일제에 대한 통쾌한 일격이었다. 그 동안 일제 식민 사관에 입각하여 쓰여진 역사를 완전히 뒤엎고 근대 민족 사학으로의 새 장을 열기에 충분한 저술이었다.

그 동안 오리무중 상태에 빠져 있던 우리의 고대사가 풍부한 자료를 통한 예증과 그의 독창적인 인식 체계 아래 연구되어, 우리나라 사람들로 하여금 우리 역사에 대한 확신을 갖게 하였다. 이것이 국내 학계와 일반 독자들의 열광적인 환영과 지지를 받았음은 물론이다.

그러나 옥중에서 이 소식을 전해 들은 단재는, 반가워하기는커녕 뒤에 그를 면회 온 《조선일보》 기자에게 연재 중지를 강력히 요구했다. 물론 스스로 연구에 만족하지 못해서였다.

그런데 단재가 이처럼 신문 연재를 꺼린 데는 또 다른 이유가 있었다. 당시 국내에서 발간되는 모든 신문은 일본 연호 쇼와(昭和)를 사용하고 있었기 때문에, 거기에 자신의 글을 싣는다는 것이 이미 일본의 식민지됨을 인정하는 것이나 마찬가지라는 생각에서였다. 서릿발 같은 민족적 절개였다.

옥중의 단재는 벽초 홍명희가 신간회 민주 대회 사건으로 옥고를 치르고 있다는 소리에 가슴 아파하다가 그에게 편지를 띄웠다.

산같이 쌓였던 말이 붓을 잡고 보니 물같이 새어 버리는 것 같습니다. 무슨 말부터 써야 할는지요. 새해가 되기 전인가 언제 졸형(拙荆)의 글 중에 "홍 선생은 감사국으로 들어갔습니다"하는 앞뒤 모르는 소식을 들었는데, 지금도 형이 그 곳에 계신지요. 제(弟) 오래지 않아 10년 감옥 생활을 끝내고 나갈 것이니, 아, 이 세상에서 다시 얼굴 맞대게 될는지가 의문입니다.

형에게 한 마디 말을 올리려고 이 붓이 뜁니다. 그러나 억지로 참습니다. 참자니 가슴이 아픕니다마는 말하련즉 뼈가 저립니다. 그래서 아픈 가슴을 부둥켜 쥐고 운명이 정한 길로 갑니다.

그는 이 편지를 낼 무렵, 이미 자신의 생명이 길지 않으리라는 것을 예감하고 있었다. 그래도 병색이 역력한 그의 얼굴에서는 가족과 동지들, 그리고 고통받는 우리 동포들에 대한 진한 애정이 투명하게 묻어 나왔다.

복역의 나날, 단재는 몰라보게 수척해 갔다. 병약한 몸으로 감방에서 이만큼 버텨 온 것만도 기적에 가까운 일이었다.

그러나 정신의 힘에도 한계가 있어서 오랜 병마 끝에 마침내 위급 환자로 병감(病監)에 옮겨졌다. 나머지 형기를 3년쯤 남겨 둔 때였다.

그의 병세가 도저히 회복 불가능하다고 판단한 형무소 당국은 그가 죽을 경우 사회적 여론이 들끓을 것을 우려하여, 누구라도 그를 맡아서 보호해 줄 사람이 나선다면 가출옥시키겠다고 제의해 왔다. 이런 통고를 받은 고국의 친지들은 단재의 일가 뻘 되는 한 부호를 설득하여, 그의 보증 아래 단재를 가출옥시키려 했다.

그러나 맥없이 병감에 누워 있던 단재는 고개를 가로저었다. 그 부호가 당시 친일파로 알려진 사람이었기 때문이었다. 그에게 자신의 나머지 목숨을 의탁함은, 평생을 걸고 지켜 온 정신을 꺾고 마는 결과라는 생각이 신열로 뜨거워진 머리 속에서도 확고해져 있었다. 마지막 생명의 등불이 희미하게 꺼져 가는 순간까지 그는 지절(志節)을 굽힐 수 없었다.

죽음의 그림자가 쉬지 않고 엄습해 오며 1936년 새해가 열렸다. 병감에서 57세를 맞은 단재는 이미 결심이 선 듯 단호한 얼굴로 가느다란 의식을 부여잡고 있었다.

어느 날 단재는, 꾀병을 하여 병감의 단재를 자주 찾곤 하던 복역수 청년 손기업(孫基業)에게,

"나는 이제 살아나가긴 어려울 것 같소. 동지는 나이가 젊으니 나가거든 반드시 밝은 세상을 여시오"

하는 당부를 하였다. 말을 하는 동안 단재는 온몸의 힘을 끌어 모으는 듯 숨을 헐떡거렸다. 그리고 이것이 그의 생전 마지막 말이 되었다.

해가 바뀐 지 불과 두어 달 남짓한 2월 18일, 서울 인사동 단재 가족의 허름한 셋방에 전보가 한 통 날아들었다.

— 신채호 뇌일혈, 의식 불명, 생명 위독

전보를 받아 쥔 박자혜 여사의 손이 부르르 떨렸다.

"아, 이분이 결국!"

외마디 비명과 함께 여사는 그대로 실신하였다. 옆에 있던

장남 수범이 어머니를 진정시킨 후, 수표동의 신석우 대부 댁으로 달려가 이 사실을 알렸다.

비보에 접한 동지들은 우선 각 신문사에 전보 내용을 알린 다음 장례 문제를 논의했다. 온갖 역경을 겪어 온 굳건한 투사들이었건만, 자꾸 눈물이 터져 나와 한동안 의논이 어려웠다.

간신히 눈물을 수습한 누군가가 먼저 말을 꺼냈다.

"평소 단재는 당신이 죽더라도 시체가 왜놈 발길에 채이지 않도록 화장해 재를 바다에 띄워 달라고 했어요."

"그가 늘 버릇처럼 되뇌이던 말을 기억은 하오만 고인의 재를 바다에 뿌려 둘 수는 없소. 후일 자손을 위해서라도 반드시 국내로 모셔야 할 것이오."

모든 사람들의 뜻은 한결같았다. 여기저기서 성금이 쏟아져 순식간에 3백 원이 넘는 조의금이 모아졌다.

이제 한시도 지체할 수 없었다. 서세충(徐世忠)이 박자혜 여사와 맏아들 수범을 안내하여 단숨에 뤼순으로 달렸다. 가족들은 안타까워 발을 동동 구르는데 형무소측에서는 면회 시간이 끝났다고 다음날 오라고 했다. 어쩔 수 없이 가슴이 바싹 타 들어가는 가운데 서와 가족들은 뜬눈으로 여인숙에서 하룻밤을 보냈다.

불멸의 정기 님나라 품에

이튿날 두 시경에야 마지막 만남의 자리가 마련되었다. 울거나 소란을 피우면 면회가 중지된다는 엄포를 놓으며 간수가 자리를 비켜 주었다. 이미 가망이 없다고 판정되어 병감에서 다시 독방으로 옮겨진 단재는 온몸이 푸르뎅뎅하게 부은 채 차가운 시멘트 바닥에 누워 있었다. 벌써 의식이 소멸되어 가고 있는 듯, 꿈에도 그리던 아내와 자식이 곁에 온 줄도 모르고 가냘픈 숨만 몰아 쉬었다.

"오, 여보……으윽……."

울지도 못하고 목메어 흐느낌을 죽이고 있는 부인에게 입회 의사는 매정스런 한 마디로, "앞으로 한두 시간, 길어야 오늘 자정을 못 넘깁니다" 하고 선고했다. 그런데도 간수는 면회 시간이 끝났다고 재촉하였다.

"여보시오, 아무리 중죄인이라도 마지막 순간까지 이렇게 하깁니까. 부디 이분의 운명을 지킬 수 있게 해주세요. 부탁입니다!"

가족들의 애원에도 옥리(獄吏)들은 막무가내였다. 그들의 완강한 거절에 떠밀려 나오기는 했지만 차마 발길이 떨어지지 않아, 가족들은 교도소 부근을 몇 시간이고 서성거리며 하염없이 눈물을 쏟아야 했다.

1936년 2월 21일 오후 4시 20분, 단재의 가냘픈 숨소리는 마침내 멎고 말았다. 57세로 순국하여 영원히 님나라 사람이 되어 버렸다.

오랜 시간 혼수 상태가 계속되었기에 아무런 유언을 남길 수 없었지만, 그의 삶 그 자체가 온통 뜨거운 언어로 우리에게 남겨졌다.

그는 죽더라도 살이 썩어 흙이 되고, 뼈가 굳어 돌이 되어 님나라에 보태지기를 희망했다. 23일 오전 11시 30분 단재의 유해는 뤼순 화장터에서 한 줌의 재로 변하였다. 그리고 그 재는 오동나무 함에 넣어져 영원히 안식하게 될 조국 땅으로 향하였다.

유물로 판결문 1통, '유맹원'이라 새겨진 상아 도장, 자잘한 글씨로 단시(短詩) 등을 적은 수첩 2권, 크로포트킨 사상집, 안재홍의《백두산 등척기》, 이선근(李瑄根)의《조선 최근세사》, 중국 돈 1원, 그리고 10통의 편지가 오열하는 가족의 품에 안겨졌다.

24일 오후 세 시경 서울역에 안착했다. 역에는 정인보, 홍명희, 안재홍, 원세훈, 신석우, 권동진(權東鎭), 설의식(薛義植) 등 당대의 명사들이 비통한 얼굴로, 한 줌 재로 돌아온 단재를 맞았다. 도하 각 신문도 애도의 뜻을 표해 마지않았다.

그날 밤이 깊어서야 선생의 유해는 천안·조치원·청주를 거쳐 청원군 낭성면 관정리의 경부 신백우 집에 안착했다. 하룻밤을 꼬박 새우며 장례 준비를 하여 귀래리 고두미 옛집터에 안장될 수 있었다. 그러나 장례식조차도 쉽지가 않았다. 민사령(民事令) 이전에 국외 망명을 떠났기 때문에 호적이 없어 사망 신고도 묘소 허가도 받을 수 없는 기막힌 처지였던 것이다.

마침 친척 중에 면장이 있어 그의 묵인 아래 암장(暗葬)되는 비운을 겪었는데, 그나마 다리 뻗고 안식을 하기에도 살얼음판인 세상이었다. 이를 묵인하였던 친척 되는 면장은 결국 파면되었다. 이처럼 삼엄한 판국에 비석을 세운다는 것은 엄두도 못 낼 일이었다. 그렇지만 얼마 뒤, 만해 한용운 스님이 일경의 눈을 피해서 돌을 깎고 오세창(吳世昌)이 글씨를 새긴 비석을, 경부가 몰래 운반하여 단재 선생의 무덤 앞에 세울 수 있었다.

이 묘비는 오늘도 선생의 묘소를 지키며 1백 주년 탄신 기념으로 세워진 영당각(影堂閣)과 함께 그 때의 사연을 가슴 아프게 전하고 있다.

단재와 우당, 그리고 심산은 베이징 시절 민족 항쟁의 구심점 삼걸로 널리 알려져 있다.

베이징 삼걸의 한 사람인 심산 김창숙은 유림단 사건으로 일찍이 국내에 압송되어 장기 복역하고 난 뒤 동지의 비보에 접하자, 단재를 두고 '나라의 정기'라고 애도하면서 추도시를 지어 올렸다.

들으니 군(君)의 뼈를
금주(金州)의 불로 태웠다 하는데
군이 감에 청구(靑邱)의 정기(正氣) 거두어졌구나.
천상 세계의 문형(文衡)으로 군은 잘 갔으나
마치 하루살이와도 같이
뒤에 죽어 갈 사람들
부끄러워 어찌하랴.

들으니 군의 영구(靈柩)가
청주로 돌아왔는데
오직 한 줌 재뿐이라고?
고향 동산에 묻혔음에
한 마디 물어 보리.
군의 혼백도
따라 돌아왔는가?
군이여, 아무래도

부재(溥齋) 노장 따라 노닐리라.

—〈단재 신채호를 애도하며〉

청구 강산의 정기(正氣)로 님나라 품에 안긴 단재 신채호의 일대는 진정한 조국 해방을 위한 불멸의 정신으로 우리에게 언제나 희망의 심지가 되어 줄 것이다. ✳

1880년	12월 8일 충남 대덕군 산내면 어남리 도리미에서 아버지 신광식(申光植)과 어머니 밀양 박씨의 차남으로 태어남. 처음 이름은 채호(寀浩)였으나 채호(采浩)로 바뀌었고, 아호는 단재(丹齋).
1886년	아버지가 향년 37세로 별세.
1887년	본향인 충북 청원군 낭성면 귀래리 고두미로 이사, 할아버지의 서당에서 형 재호(在浩)와 함께 한학을 공부함. 일 년 만에 《통감(通鑑)》 해독.
1892년	형 재호 20세를 일기로 요절함.
1895년	풍양(豊壤) 조(趙)씨와 결혼.
1896년	이웃 가덕 청용리의 한학자 신승구(申昇求)에게서 한학을 배우고 시작(詩作)도 함.
1897년	구한말 학부대신 양원(陽園) 신기선(申箕善)의 천안 목천 서재에서 많은 신·구 서적을 독파함.
1898년	상경하여 성균관(成均館)에 입학. 11월경 독립

협회 운동에 소장파로 활약하다, 해산당할 무렵 한때 투옥됨.

1901년 　　가덕 인차리에서 예관(睨觀) 신규식(申圭植)과 문동학원(文東學院) 설립, 애국 계몽운동 전개.

1903년 　　일본이 전국 황무지 개간권을 빼앗자, 성균관 관생들과 항일 성토문을 작성하고 친일 매국 대신들을 규탄.

1905년 　　2월 합시(合試)에 입격, 성균관 박사가 되나 사퇴하고 향리로 돌아와 이웃 마을 묵정(墨井)에서 신백우(申伯雨), 신규식 등과 산동학당(山東學堂) 개설, 신교육 운동 전개함. 이때 위암(韋庵) 장지연(張志淵)의 초청으로 상경하여 《황성신문》 논설위원으로 활약. 10월, 을사조약 체결에 통분하여 장지연이 쓴 〈시일야방성대곡(是日也放聲大哭)〉의 논설로 신문이 폐간 상태에 이르자 운강(雲岡) 양기탁(梁起鐸)의 간청으로 11월 《대한매일신보》 주필이 되어 〈시일야우방성대곡(是日也又放聲大哭)〉을 쓰고 언론 항쟁의 선봉이 됨.

1907년 　　10월 25일, 《이태리 건국 삼걸전》을 번역, 광학서포에서 발행. 항일 비밀결사 신민회(新民會) 조직에 참가하여 그 취지문을 기초하고, 국채 보상 운동에 적극 참여.

1908년	국한문판 《을지문덕》을 발행하고, 여성 계몽을 위한 순한글 잡지 《가정잡지》도 간행. 《대한매일신보》에 〈일본의 3대 충노〉, 〈친구에게 주는 절교서〉, 〈오늘 대한 국민의 목적지〉, 〈서호(西湖) 문답〉, 〈고 전간재(田艮齋) 선생 족하(足下)〉 등의 논설을 발표하고, 〈역사에 대한 관견(管見) 2칙〉과 〈독사신론(讀史新論)〉 등 역사론도 발표하는 한편, 〈수군 제일 위인 이순신전〉 등 역사 전기물도 연재. 《대한협회월보》에도 꾸준히 논설을 발표하면서 8월에는 기호흥학회(畿湖興學會)에 가입해 그 취지문을 쓰고 〈문법을 의통일(宜統一)〉 등의 논설 발표. 또 미완의 《대동 4천년사》를 집필했으나 전해지지 않음.
1909년	《대한매일신보》에 〈학생계의 특색〉, 〈석호(惜乎)라, 우용택(禹龍澤) 씨의 국민·대한 양마보(兩魔報)의 응견(鷹犬) 됨이여〉, 〈한국 자치제의 약사(略史)〉, 〈국가를 멸망케 하는 학부(學部)〉 등을 싣고, 역사 전기물 〈동국거걸 최도통전〉과 시론 〈천희당시화(天喜堂詩話)〉를 연재함. 8월, 신민회 방계 조직으로 청년학우회 발기, 그 취지서 씀. 아들 관일(貫日)이 태어난 지 얼마 안 되어 죽자, 상심하다가 부인과 이혼하고 망명

준비 서두름.

1910년	〈20세기 신국민〉, 〈한일합병론자에게 고함〉 등의 글을 계속 발표함. 4월, 국치(國恥)를 예감하고 신민회의 최종 회의 결의에 따라 망명길에 오름. 중국 칭다오(靑島)에서 회의를 열고 독립운동 방략을 논의한 후, 블라디보스토크로 가 《해조신문》, 《청구신문》 등에 관여함.
1911년	이 곳에서 윤세복, 이동휘, 이갑 등과 강력한 실천적 독립운동 단체 광복회(光復會)를 조직하고 부회장으로 활약. 5월, 《대양보》를 간행, 그 주필로 활약하다가, 9월 초 휴간된 후 12월 권업회의 기관지인 《권업신문》의 주필이 되어 신문을 통해 교민을 선도함.
1913년	블라디보스톡에서 병고에 시달리던 중 신규식이 여비를 보내 주어 상하이로 가서 동제사(同濟社)에 참여하는 한편, 박달학원(博達學院)을 세워 청년 교육에 전력함.
1914년	대종교(大倧敎)에 입교하는 한편, 윤세용 · 윤세복 형제의 초청으로 만주 펑톈성(奉天省) 환인현에 가서 동창학교(東昌學校)에서 가르치면서, 교재로 쓰기 위해 〈조선사〉를 집필. 윤세복 · 신백우 · 김사 · 이길룡 등과 독립군 양성 기지를 시찰하러 백두산에 오른 후, 광개토대왕비

와 남 · 북만 일대 고구려 · 발해의 옛 땅을 답사하여 역사 연구의 자료 얻음.

1916년   3월, 중편소설 〈꿈 하늘〉을 탈고하고, 9월에는 대종교의 나철(羅喆)이 항일 자결을 하자 〈도제사언문(悼祭四言文)〉을 씀.

1917년   조카딸 향란의 혼사 문제로 국내로 잠입하였으나 향란이 뜻을 어기자 손가락을 끊어 의절하고, 요절한 애제자 김기수(金箕壽) 상가를 문상한 후 다시 베이징 행.

1918년   베이징 보타암에 머물며 〈조선사〉 집필을 계속하는 한편, 베이징의 신문 《중화보》와 《베이징 일보》 등에 논설 기고.

1919년   만주 지린(吉林)에서 대한의군부(大韓義軍部)가 주동이 되어 선언한 〈대한독립 선언서〉에 민족 대표 39인의 한 사람으로 서명하고, 베이징에서는 《진광시보》와 《앞잡이》라는 잡지 발행. 3월, 대한 독립청년단을 조직하여 단장이 됨. 4월 11일, 상하이 임시정부 수립에 참여하여 임시의정원 의원이 되고, 한성 정부에서는 평정관(評定官)에 선임되었으며, 7월 임시의정원 제5회 회의에서 전원 위원회 위원장겸 의정원 의원으로 뽑혔으나, 미국에 위임 통치를 청원했던 이승만을 국무총리로 추대하려는 움직임이 일자 이를 적극 반대하다 뜻이 관철되지 않아 상하이 임정 탈퇴. 임정 기관지 《독립신문》에 대립되는 기관지 《신대한》을 창간, 주필로 임정의 지도 노선에 대해 비판적 입장 고수함. 신대한동맹단 부단주로 추대되기도 했고, 재건된 항일 비밀결사 대동청년당 단장에 추대됨. 한때 상하이 의영학교(義英學校) 교장을 맡음.

1920년   4월, 베이징에 돌아와 박용만·고일청(高一淸)·김창식(金昌植) 등과 제2회 보합단(普合團) 조직에 참여, 내임장(內任長)이 되어 군자금 모집에 힘씀. 이 무렵 옌징 대학 의예과에 유학 중이던 28세의 박자혜(朴慈惠)와 재혼하고, 9월 만주의 무장 독립 단체들의 통합을 위해 베이징에서 이회영·박용만·신숙(申肅) 등과 군사통일주비회(軍事統一籌備會) 조직.

1921년   1월, 베이징에서 순한문 잡지 《천고(天鼓)》를 창간. 제7호까지 내는 사이 장남 수범(秀凡) 태어남. 4월 19일 민족 지사 54명의 연서로 위임 통치를 청원한 이승만·정한경(鄭翰景)을 규탄, 그 성토문 기초. 베이징에서 통일책진회를 발기하고 발기 취지서 작성.

1922년   새로운 독립 노선을 구축하기 위해 국민 대표회 개최에 힘쓰면서, 극심한 생활난과 역사 연구 및 독립운동에의 전념을 위해 가족을 고국으로 보낸 후, 의열단 고문격으로 의열단 선언인 〈조선혁명 선언〉을 작성. 이는 모두 6천 4백여 자에 달하는 명문이다. 1월 3일부터 상하이에서 개최된 국민대표 회의에 참여하여 창조파의 맹장으로 활약했으나 회의가 결렬되자 민족 독립운동의 통합 문제에 심한 회의를 느낌.

1924년 《동아일보》 신년호에 〈조선 고대의 문자와 시가의 변천〉 기고. 3월, 생활고 해결과 집필을 위해 입산, 관음사에서 승려 생활을 하며 이회영 · 김창숙 · 유자명 등과는 계속 접촉하였고, 연말경에는 다물단(多勿團) 취지문을 쓰기도 함. 국내 《시대일보》의 최남선이 환국을 간청했으나 단호히 거절.

1925년 《동아일보》에 〈낭객의 신년 만필〉을 비롯 많은 논문 발표.

1927년 항일 민족통일 전선 신간회(新幹會) 발기인이 되고, 독립을 위해서는 적극 항쟁의 필요성을 느껴 9월에 무정부주의 연맹에 가입.

1928년 《조선일보》 신년호에 〈예언가가 본 무진(戊辰)〉을 기고하는 한편, 민중 혁명의 꿈과 이상을 우화적으로 쓴 소설 〈용과 용의 대격전〉 창작.

비밀리에 부인과 아들을 베이징으로 불러 1개월여의 가정 생활을 맛본 뒤에 다시 가족을 돌려보냄. 4월, 베이징과 톈진에서 개최된 무정부주의 동방연맹대회에 참가, 주도하여 선언문을 기초하고, 이 대회에서 결의된 바에 따라 운동 자금을 마련하기 위해 위폐를 만들어 환전하려다가 5월 8일 대만 지룽 항에서 일경에 체포됨. 12월 18일 다롄 지방법원 형사 법정 제1회 공판에서 치안 유지법 위반, 유가 증권 사기 위조, 동 행사, 살인 및 사체 유기 사건의 연루자로 심문받음.

1929년　제4회 공판까지 속개되는 사이 국내에 있던 가족은 일경의 감시와 핍박으로 극히 어려운 생활을 하면서, 부인은 둘째 아들 두범(斗凡)을 낳음.

1930년　7월 9일 다롄 법정 언도 공판에서 10년 형이 확정되어 중죄의 사상범으로 뤼순(旅順) 독방에 수감됨.

1931년　《조선일보》 학예난에 〈조선사〉와 〈조선상고문화사〉가 연재됨.

1932년　건강 악화로 형무소측으로부터 병보석 허가가 나왔으나 친지들이 친일 인사를 보증인으로 세우자 스스로 제의를 거절.

1936년	뇌일혈로 생명이 위독, 뤼순 감옥에서 2월 21일 오후 4시 20분, 유언 한 마디 없이 57세를 일기로 최후를 마침. 23일 뤼순에서 화장하여 이튿날 오후 세 시경 서울역에 도착, 동지 다수와 각계 유지, 친지들의 애도 속에 향리인 청주로 운구되어 고두미 옛 집터이자 서당이었던 자리에 암장(暗葬)됨. 각 신문·잡지에서는 추모 특집을 마련하여 전국민이 애도함.
1942년	차남 두범 영양 실조로 병사. 한용운·신백우 등이 유고집 간행을 준비했으나 일제의 감시로 좌절됨.
1943년	부인 박자혜 여사가 일경의 감시와 시달림 끝에 48세를 일기로 병사하고 장남 수범만 남음. 해방직전 산소에 묘비를 비밀리에 세움.
1962년	3·1절에 정부로부터 대한민국 건국공로훈장 복장 추서됨.
1970년	문화공보부의 지원을 받아 단재 신채호전집 간행위원회가 조직되어 전집 출간을 추진함.
1977년	12월,《신채호전집》전4권이 집대성됨. 같은 달 부인 박자혜 여사에게 3·1 운동 관계로 건국공로 대통령표창이 추서됨.
1980년	탄신 1백 주년을 맞아 학계 권위 21명의 논문을 수록한《단재 신채호와 민족사관》이란 논

문집이 간행되는 한편, 향리 묘역에서는 영당 준공식 겸 영정 봉안식이 있었고 기념 논문집이 바쳐짐. 또 단재 추모사업회에서 《단재 신채호 전기》(임중빈 지음)를 발간.

1985년   묘소까지 이르는 약 3킬로미터의 길이 말끔히 포장되었으며, 충북 교육위원회에서는 백족산 기슭 6만 7천여 평의 부지에 단재교육원을 건립하여 학생들에게 나라 사랑하는 마음을 심어 주고 있음. 또 단재 공원 설치, 교육원 앞에 동상 건립.

1986년   아들 수범 씨가 서울가정법원에 낸 취적(就籍) 신청이 허가되어, 사후(死後) 50년 만에 대한민국 국적을 회복함.

지은이 임중빈(1939~2005)

문학평론가.
호 문암文巖. 충남 보령 출생.
성균관대학교 국어국문학과 졸업.
1964년《조선일보》신춘문예 입선.
1965년《동아일보》신춘문예 당선.
세대사世代社 기자, 교육평론사 편집장,《창조創造》편집위원,
《다리》주간 및 인물연구소 소장 등을 역임.
저서:《부정의 문학》《윤봉길 의사 일대기》《도산 안창호》
《단재 신채호》《불굴 선비혼 김창》외 50여 권이 있음.

단재 신채호

초판 1쇄 발행 | 2019년 11월 25일

지은이 | 임중빈
펴낸이 | 윤형두
펴낸곳 | 종합출판 범우(주)

등록번호 | 제406−2004−000012호(2004년 1월 6일)
　　　　　 10881 경기도 파주시 광인사길 9−13(문발동)
대표전화 | 031−955−6900, **팩 스** | 031−955−6905

홈페이지 | www.bumwoosa.co.kr
이메일 | bumwoosa1966@naver.com

ISBN 978-08-6365-270-2 03990

＊잘못된 책은 바꾸어 드립니다.
＊이 도서의 국립중앙도서관 출판예정도서목록(CIP)은 서지정보유통
지원시스템(http://seoji.nl.go.kr)과 국가자료종합목록시스템
(http://www.nl.go.kr/kolisnet)에서 이용하실 수 있습니다.